중학생이 알아야 할

뉴스의 모든 것

NEWS

중학생이 알아야 할 뉴스의 모든 것
가짜뉴스 잡고 미디어 리터러시까지 직진 정주행!

초판 1쇄 발행 2021년 4월 26일
초판 2쇄 발행 2022년 2월 25일

지은이 자라 벨크
그린이 두냐 슈나벨
옮긴이 이기숙
해설 금준경
펴낸이 이영선
책임편집 김영아

편집 이일규 김선정 김문정 김종훈 이민재 김영아 이현정 차소영
디자인 김회량 위수연
독자본부 김일신 정혜영 김연수 김민수 박정래 손미경 김동욱

펴낸곳 서해문집 | 출판등록 1989년 3월 16일(제406-2005-000047호)
주소 경기도 파주시 광인사길 217(파주출판도시)
전화 (031)955-7470 | 팩스 (031)955-7469
홈페이지 www.booksea.co.kr | 이메일 shmj21@hanmail.net

ISBN 979-11-90893-55-8 43070

중학생이 알아야 할

뉴스의 모든 것

NEWS

지라 벨크 지음
두냐 슈나벨 그림
이기숙 옮김
금준경 해설

가짜뉴스 잡고
미디어 리터러시까지 직진 정주행!

서해문집

뉴스 속 또 하나의 세상으로 출발!

– 금준경, 《미디어오늘》 기자

오늘 어떤 뉴스를 봤나요? 그 뉴스는 어디에서 봤나요? 아마 대부분 포털 사이트를 통해 봤을 거예요. 한국은 다른 나라와 달리 언론사 홈페이지에 직접 방문해서 뉴스를 보는 사람이 적어요. 대신 네이버, 다음과 같은 포털 사이트에서 뉴스를 많이 봐요. 메신저나 사회관계망 서비스를 통해 뉴스를 보는 사람들도 꽤 많고요.

우리는 주로 인터넷 공간에서 뉴스를 보고 있지만 그 속의 언론사들은 성격이 각기 달라요. 방송사도 있고, 신문사도 있고, 인터넷 신문사도 있죠. 방송사는 한국도 독일과 마찬가지로 공영방송과 민영방송으로 나뉘어 있어요. KBS와 EBS가 대표적인 한국의 공영방송으로 전기요금과 수신료

를 걷어서 운영하고 있어요. 방송은 전파를 통해 서비스를 하는데요. 인터넷이 없던 시절에는 전파가 메시지를 널리 알릴 수 있는 가장 강력한 힘을 갖고 있는데, 제한된 양만 쓸 수 있다 보니 국가에서 직접 관리했어요. 그래서 처음에는 정부에서 직접 운영하는 방송만 있었답니다. 이후 민간에도 전파를 개방하면서 민영방송이 생겨나게 됐어요.

인터넷 공간에서는 방송사보다는 인터넷 언론사의 기사를 주로 접할 거예요. 수많은 인터넷 언론사 중에는 '황색 언론'이라고 할 수 있는 곳들이 많아요. 주로 연예인에 대한 논란을 기사로 쓰거나, 인터넷 커뮤니티에서 사람들의 관심을 끌 만한 내용을 기사로 써요. 유명 연예인들이 사귄다는 제목을 보고 클릭했는데, 막상 읽어 보니 드라마 속 연인 배역으로 캐스팅됐다는 내용일 때가 많죠? 커뮤니티 게시글을 그대로 기사로 쓰면서 '인성 논란'을 제기했는데

알고 보니 거짓글로 밝혀진 일도 적지 않아요. 황색 언론은 정치, 사회의 중요한 사건을 다루기보다 이런 이슈를 압도적으로 많이 다루고 있어요. 이런 기사가 사람들의 클릭을 유발해서 더 많은 돈을 벌 수 있게 해 주거든요.

그렇다면 매일 쏟아지는 뉴스 중에서 믿을 만한 뉴스를 어떻게 찾을 수 있을까요? 《중학생이 알아야 할 뉴스의 모든 것》에서 언급한 팁과 더불어 한국에서는 포털 사이트를 적극적으로 활용하기를 추천해요. 포털에서 내가 찾고자 하는 뉴스의 키워드를 검색한 다음 '뉴스' 메뉴에 들어가면 검색창 아래에 '상세 검색'이라는 메뉴가 있어요. 이 메뉴를 클릭하면 내가 선택한 언론사의 기사만 검색 결과에 뜨게 할 수 있어요.

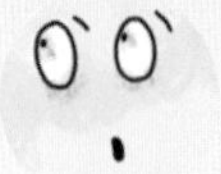

믿을 수 있는 언론사를 체크한 다음, 그 언론사의 기사를 살펴볼 수 있고요. 정치적으로 대립하는 사안이면 각자 의견이 다른 언론사 두 곳의 기사를 비교해 볼 수도 있겠죠.

가짜 뉴스인지 아닌지 구분하기 어려울 때는 포털에 'SNU팩트체크센터', 그리고 '팩트체크넷'을 검색하면 사실인지 아닌지 검증한 팩트체크 기사들을 모아서 보여주는 사이트에 접속할 수 있어요. 이들 사이트에서는 사실인지 아닌지 궁금한 사안에 대해 직접 의뢰를 할 수도 있답니다.

한국의 언론사들도 독일과 마찬가지로 영상에 담지 않는 뉴스가 있어요. 사람이 죽거나 지나치게 잔혹한 장면은 뉴스에 담지 않아요. 그리고 범죄에 대한 뉴스를 봤는데 내용이 구체적이지 않을 때가 많죠? 범죄에 대한 기사는 누군가가 따라하는 모방범죄를 일으키지 않도록 자세하게 쓰지 않기 때문에 그래요.

그런데 무엇을 담아선 안 되는지는 언론사에 따라 다른 판단을 내리기도 해요. 한 방송사는 아동학대로 사망한 아이의 얼굴을 뉴스에 공개했어요. 부모로부터 구타를 당해 온몸에 멍이 든 모습이 보였어요. 이 보도로 인해 많은 사람들이 분노하면서 이 사건이 주목을 받게 됐어요. 반면 아이의 모습을 공개하지 않은 언론사도 있었어요. 이 아이에게 초상권이 있고 신상을 공개하게 되면 주변 사람들이 피해를 볼 수 있기 때문에 누구인지 드러내지 않은 거예요. 사람마다 생

각이 다른 것처럼 언론 역시 다른 판단을 내리고 있어요. 하지만 어떠한 상황에서든 인권을 존중하는 보도가 가장 우선돼야 해요.

언론사가 자율적으로 결정해서 내보내지 않는 내용도 있지만 누군가가 압력을 넣어서 사라지는 뉴스도 있어요. 한국은 민주화가 되기 이전까지 권력자들이 언론을 적극적으로 통제해 왔어요. 정부에서 사람들을 언론사에 보내서 감시를 하고, 어떤 이슈는 보도해선 안 된다고 지시를 내리기도 했어요.

지금은 어떨까요? 여전히 권력을 가진 사람들은 언론을 압박하고 있긴 한데, 이전처럼 정치인들이 그런 역할을 하는 일은 거의 없어요. 대신 기업에서 자신들을 비판하는 뉴스를 수정하거나 지우라고 요구하는 경우가 많아요. 공영방송이 아닌 언론사들은 광고를 통해 돈을 벌기 때문에 기사를 삭제하는 조건으로 광고를 주거나, 기사를 삭제하지 않으면 앞으로 광고를 주지 않는다며 압박하곤 해요.

매일 보고 지나치는 뉴스, 어쩌면 포장지만 보고 내용물은 제대로 살펴보지 못했던 건 아닐까요? 이 책을 통해 여러분은 겉으론 보이지 않는 뉴스의 다양한 측면을 살펴보면서 뉴스를 더욱 현명하게 받아들일 수 있을 거예요.

차례

해설 뉴스 속 또 하나의 세상으로 출발! _금준경, 《미디어오늘》 기자 • 4

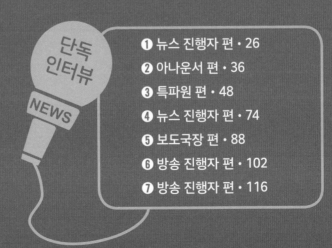

단독 인터뷰
NEWS

들어가는 말

아침이 되면 전 세계에서 셀 수 없이 많은 자명종이 울려요. 수십 억 명에 달하는 지구촌 사람들은 그 순간 침대에서 뒹굴며 조금 더 잠을 자고 싶을 거예요. 고층 아파트 99층에 누워 한쪽 눈만 뜨고 건물의 바다를 바라보는 사람들도 있어요. 창문이라고는 하나도 없는 어둑어둑한 작은 오두막에서 잠이 깨는 사람도 있어요. 어느 쪽이든 이들에게는 공통점이 하나 있어요. 그건 바로, 새로 시작되는 그날에 무슨 일이 벌어질지 아무도 모른다는 것이죠.

어쩌면 여러분은 등굣길 버스 정류장에서 덩그러니 놓여 있는 큰 액수의 지폐를 발견할지도 몰라요. 지구 반대편에 사는 어느 아이는 집 바깥으로 나갈 수가 없어요. 밖에서 태풍이 불고 소까지 공중으로 날아갈 만큼 바람이 거세게 몰아치거든요. 어느 장관은 자전거를 타고 가다 실수로 가로등을 들이받아요. 그가 제안한 새로운 동물보호법안이 오늘 표결에 부쳐질 예정이라 잔뜩 긴장한 탓이에요. 두 구역 떨어진 곳에서는 어느 뱃사람이 경찰견을 물었어요(믿거나 말거나이지만, 실제로 일어난 일이에요. 어떤 사연인지는 56쪽에서 확인하세요).

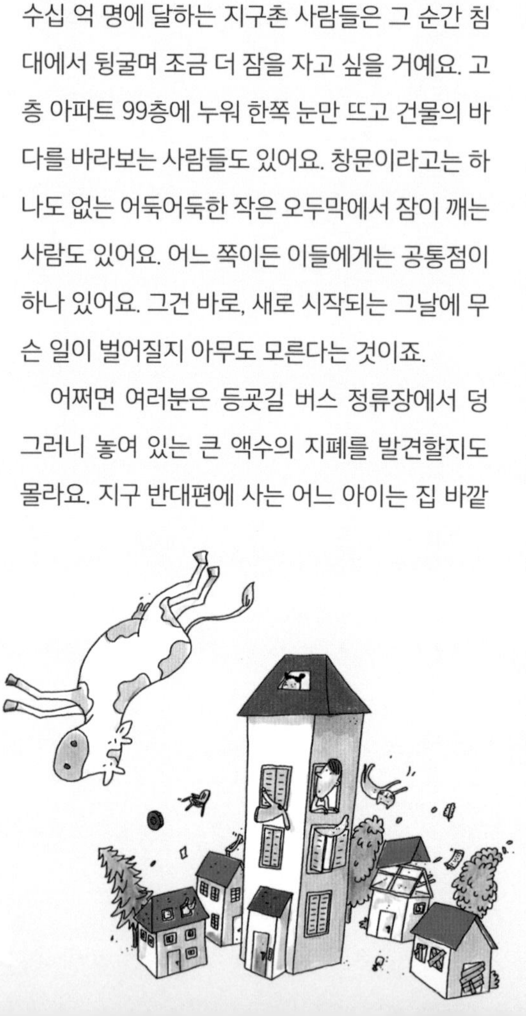

뉴스를 휴대폰으로 읽거나, 부모님과 TV 저녁 뉴스를 시청할 때면, 언제나 그날 하루 일어난 일 중 지극히 적은 수의 사건만 뉴스로 내보내요. 왜 그럴까요? 뉴스는 누가 고를까요? 어떤 방식으로 고를까요? 뉴스를 전하는 아나운서가 읽어 주는 내용은 언제나 모두 사실일까요? 방송 도중에 갑자기 딸꾹질이 나거나 웃음보가 터지면 어떻게 할까요? 아나운서는 혹시 시청자에게 가끔 비밀 신호를 보낼까요?

질문이 꼬리에 꼬리를 무는군요. 대답은 모두 이 책에서 얻을 수 있어요.

한마디 더: 책을 읽다 보면 상당히 많은 대목에서 〈타게스샤우〉* 이야기가 나올 거예요. 그건 저자가 꽤 오랫동안 그곳에서 저널리스트로 일하면서 그 프로그램에 정통해졌기 때문이지 다른 이유는 없어요. 독일을 비롯한 세계의 다른 방송사 보도국들도 상황은 거의 비슷해요. 기자가 만드는 뉴스가 신문에 실리든, 라디오에서 나오든, 아니면 인터넷판 뉴스이든, 기본 원칙은 어느 방송사나 거의 똑같거든요.

또 한마디 더: 본격적으로 읽기 전에 일러둘 말이 있어요. 세상에는 남자 기자와 여자 기자가 있고, 총리와 대통령과 보도국장과 카메라 촬영기사와 메이크업 아티스트에도 남자와 여자가 있어요. 책을 편하게 읽도록 하기 위해, 직업을 언급할 때 굳이 남녀를 구분해 표기하지 않았어요.

* Tagesschau: 독일 제1공영방송 ARD에서 저녁 8시에 방송하는 메인 뉴스 프로그램.

뉴스란 무엇일까?

집에 오니 부엌 식탁에 쪽지가 놓여 있어요. '잠깐 장 보고 올게. 엄마가. 아 참, 네 방에 폭탄이라도 터졌니? 제발 치워라!' 복도를 걸어가는데 휴대폰에서 삐 소리가 나요. '나 오늘 못 가. 수학 공부 해야 돼. 안녕. 안나.' 거실에 있는 TV를 켰어요. "안녕하십니까? 로고! 뉴스를 전해드립니다!" 여러분은 겨우 5분 사이에 벌써 세 번이나 새로운 뉴스를 접했어요. 뉴스란 원래 한 사람으로부터 다른 사람에게 전달되는 소식을 뜻해요.

그러나 뉴스라고 해서 다 같은 뉴스가 아니에요. 만일 뉴스를 전하는 아나운서가 느닷없이 여러분의 어머니가 적은 쪽지를 읽는다면 TV 앞에 앉은 시청자는 무척 어리둥절해 할 거예요. 그 쪽지에 관심이 있는 사람은 여러분 하나뿐이니까요. 반면 TV, 라디오, 신문, 인터넷에 등장하는 뉴스는 아주 많은 사람들이 보고 듣고 읽는 정보예요.

나 오늘 못 가. 수학 공부 해야 돼. 안녕. -안나
잠깐 장 보고 올게. -엄마가
아 참, 네 방에 폭탄이라도 터졌니? 제발 치워라!

뉴스 담당 기자는 과연 어떤 일을 할까?

뉴스 기자는 TV, 라디오, 신문사, 인터넷 매체의 보도국에서 일해요. 그곳에서 날마다 그날 보도할 뉴스를 골라요. 그리고 보도할 내용이 모두 사실인지를 검토한 뒤, 일어난 사건에 대해 되도록 중립적이고 객관적으로 기사를 작성해요. 그뿐만 아니라 용어 설명에도 신경을 써야 해요. 용어 설명이란 복잡한 주제의 배경 지식을 가능하면 쉽게 풀어 쓴 글을 말해요.

과거의 뉴스 전달 방식

➡ 봉화

오래전에는 봉화, 즉 연기 신호를 이용해 멀리 있는 사람에게 의사를 전달했어요. 예를 들어 인디언 부족들은 전하고 싶은 소식이 있을 때는 불을 피웠어요. 불에서 연기가 모락모락 피어오르면, 시간 간격을 다르게 해서 연기 위에 덮개를 덮었어요. 그러면 어느 땐 큰 연기가 피어오르다가, 어느 땐 작은 연기가 하늘로 올라갔어요. 여러 형태의 연기를 일정한 순서로 조합해서 피워 올리면 이런 소식도 전할 수 있어요. '조심하라! 물소 떼가 몰려온다!'

따라서 뉴스를 만드는 기자에게는 2가지 중요한 문제가 생겨요. 기자들은 우선 어떤 주제를 골라야 일부 사람만이 아니라 많은 사람에게 의미 있고 흥미진진한 뉴스가 될 수 있을지를 고민해요.

그런 다음 그 주제가 정말로 새로운 것인지를 생각해요. 뉴스에는 방금 일어난 일, 또는 얼마 전까지 대부분의 사람들이 몰랐던 것들만 나와야 하기 때문이죠. 휴대폰과 인터넷 덕분에 요즘은 기자들이 새로운 소식을 접하기까지 겨우 몇 초밖에 걸리지 않아요. 옛날에는 뉴스를 전달하는 데 훨씬 긴 시간이 걸렸고 고된 노력이 들어갔어요.

➡ 북

북으로도 소식을 전했어요. 이 방법은 정글에 살던 부족들이 수백 년 전에 처음 고안했어요. '길게-길게-짧게' 울린 북소리와 '짧게-짧게-길게' 울린 북소리는 그 의미가 달랐어요. 숲속에 있는 마을들은 서로 몇 킬로미터씩 떨어져 있는 경우가 많았어요. 그러나 숲속 주민들은 북소리를 듣고 누군가가 찾아온다거나 코끼리 떼가 원시림을 마구 짓밟는다는 걸 일찌감치 알 수 있었어요.

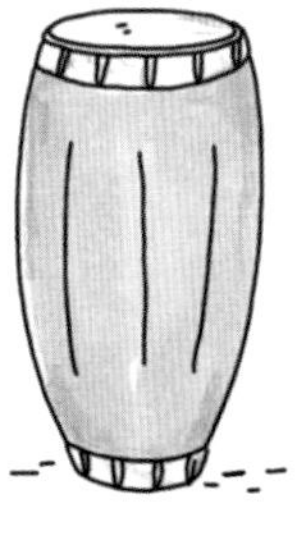

➡ 전령 비둘기

인간은 소식을 전하기 위해 수천 년 전부터 비둘기를 날려 보냈어요. 비둘기에게는 남다른 특성이 있어요. 몇백 킬로미터 떨어진 곳에 내려놓아도 언제나 집으로 돌아오는 길을 찾아내는 것이에요. 그래서 고대 로마의 병사들은 멀리 떨어진 지역에서 싸워야 할 때는 종종 비둘기를 데려갔어요. 그곳에서 비둘기 등이나 발에 쪽지를 붙들어 맨 후 날려 보낸 것이죠. 전령 비둘기는 최대 1천 킬로미터까지 날아갈 수 있고, 최고 시속 120킬로미터로 날 수 있어요. 비둘기가 어떻게 길을 찾아가는지는 지금까지 확실하게 밝혀진 것이 없어요.

사람들은 어디에서 정보를 가장 많이 얻을까?

방금 세상에서 무슨 일이 일어났는지 알고 싶으면 TV나 라디오를 틀거나, 인터넷을 검색하거나, 신문을 펴서 정보를 얻으면 돼요. 이 가운데 독일인들은 어느 것을 가장 많이 이용할까요? 학자들이 밝혀낸 바에 따르면, 대부분의 어린이와 청소년은 TV에서 가장 **많이 정보를 얻어**요. 다음으로 라디오 뉴스가 큰 격차를 두고 2위에 올랐어요. 인터넷과 신문은 3위를 차지했어요. 어른의 경우도 순서는 똑같았어요.

그렇다면 독일에 사는 사람들이 가장 많이 보는 뉴스 프로그램은 무엇일까요? 어른들이 자주 시청하는 뉴스 1위부터 3위까지, 그리고 아이들이 가장 많이 보는 뉴스 1위를 이제부터 소개할게요.

* Tagesthemen: ARD에서 저녁 늦은 시간(밤 10시경)에 내보내는 뉴스 프로그램.

* Nachtmagazin: ARD에서 심야에 내보내는 종합뉴스 프로그램.

* Tagesschau24: ARD의 보도 전문 채널.

실험해 보자!

독일에는 약 8천만 명의 사람이 살고 있어요. 얼마나 많은 사람이 매일 저녁 8시에 〈타게스샤우〉를 시청하는지 알고 싶으면, 여러분이 아침마다 마주치는 사람들을 모두 세어 보세요. 대략 8명에 1명꼴로 〈타게스샤우〉를 보았을 거예요. 더욱이 독일에 사는 거의 모든 사람들은 최소한 그 뉴스가 언제 시작하는지 정도는 알고 있어요.

1위

〈타게스샤우〉

"시청자 여러분, 안녕하십니까"— 이 인사말과 함께 매일 저녁 정각 8시에 〈타게스샤우〉가 시작해요. 〈타게스샤우〉는 독일에서 가장 인기 많은 뉴스 프로그램이에요. 날마다 약 1천만 명이 시청하죠.

〈타게스샤우〉는 그날 일어난 중요한 사건들을 15분간 간결하고 객관적으로 보도해요. 새 법안이 통과되었을까? 정당들 간에 다툼이 있었을까? 세계 어딘가에서 자연 재해가 발생했을까? 기사는 편집 기자가 쓰고 방송에서는 아나운서나 앵커가 기사 내용을 보도해요. 옛날에는 배우가 뉴스를 전달한 적이 있지만, 이젠 시대가 달라졌어요. 그래도 아나운서는 여전히 동료들이 스튜디오 세트 뒤에서 미리 작성한 원고만 읽어야 하고, 그것도 될 수 있는 한 중립적이고 객관적으로 전달해야 해요. 뿐만 아니라 방송에서는 무슨 일이 일어났는지를 한 번 더 보여 주는 짤막한 보도 영상도 내보내요.

〈타게스샤우〉는 시청자들이 가장 많이 보는 뉴스일 뿐만 아니라 독일에서 역사가 가장 오래된 보도 프로그램이기도 해요. 〈타게스샤우〉는 1952년에 방송되기 시작했어요. 초기에는 일주일에 세 번만 송출되었어요. 당시에는 TV 수상기가 없는 집들이 많아서 한 번 방송될 때마다 겨우 1천여 명이 시청했어요. 편집 기자도 1명뿐이었어요. 당시 〈타게스샤우〉의 편집 기자였던 마르틴 S. 스보보다는 소형 휴대용 타자기에 기사를 타이핑하고, 영상은 자전거나 지하철을 타고 함부르크에 있는 스튜디오로 가져왔어요.

이제는 150명이 넘는 편집 기자들이 날마다 교대 근무를 하며 쉬지 않고 수많은 〈타게스샤우〉 방송분을 제작하고 있어요. 초창기의 편집 기자가 지금의 이 현실을 본다면 뭐라고 말할까요? 〈타게스샤우〉에는 저녁 8시에 방송되는 메인 뉴스 프로그램 외에도 이른 아침부터 밤늦은 시각까지 각각 다른 시간대에 내보내는 여러 버전의 〈타게스샤우〉가 있어요. 기자들은 이 외에도 〈타게스테멘〉*, 〈나흐트마가진〉*, 보도 채널인 '타게스샤우24'*, 그 밖에 tagesschau.de에서 제공하는 인터넷과 소셜미디어 채널에 쓸 기사도 작성해요.

2위

〈호이테〉*

“너, 오늘 ‘오늘’ 보니?” 언뜻 말장난처럼 들리는 이 물음은 1963년 4월 1일에는 진지한 질문이었어요. 바로 이날 독일의 제2공영방송 ZDF에서 〈호이테〉를 방송하면서 독자적인 보도 프로그램을 송출하기 시작했으니까요. 〈타게스샤우〉도 마찬가지지만, 〈호이테〉도 오늘 일어난 모든 주요 사건을 다루어야 했어요. 그래서 프로그램 개발자들은 ‘오늘’을 뜻하는 〈호이테〉라고 이름 지었어요.

ZDF에서는 고리타분한 이미지의 〈타게스샤우〉와는 차별화되는 뉴스를 만들고 싶었어요. 그때까지 〈타게스샤우〉는 독일 TV에서 10년이 넘도록 유일한 뉴스 프로그램으로 군림했어요. ZDF 기자들은 〈타게스샤우〉가 너무 이해하기 어렵다고 생각했어요. 그래서 〈호이테〉에서는 영상 보도를 늘리고 원고를 읽는 보도는 줄이기로 했어요. 되도록 많은 시청자가 〈타게스샤우〉 대신 〈호이테〉를 보도록 하기 위해 방송사에서는 묘안을 짜냈어요. 뉴스를 저녁 8시가 아니라 저녁 7시 30분에 방송하기로 한 거예요. 사람들이 뉴스가 먼저 나오는 프로그램을 시청하기를 바란 것이죠.

생각과 달리 완벽한 성공을 거두지는 못했지만, 시청자들이 애청한 덕분에 〈호이테〉는 여전히 TV에서 방송되고 있어요. 〈호이테〉는 1년 365일 날마다 방송해요. 시청률은 〈타게스샤우〉의 절반 정도예요. 수가 적은 것 같아도 아주 많은 사람들이 시청하는 거예요. 매일 저녁—이젠 방송 시간이

* 독일어로 호이테heute는 ‘오늘’이라는 뜻이에요.

저녁 7시로 바뀌었어요—시그널 음악이 시작되면 약 400만 명의 시청자가 〈호이테〉를 보니까요. 이렇게 해서 〈호이테〉는 초저녁에 방송되는 모든 뉴스 프로그램 중에서 시청률 2위에 올랐어요. 밤늦은 시각에는 그 반대예요. 그때는 ZDF의 〈호이테 저널〉을 보는 사람이 ARD의 〈타게스테멘〉 시청자보다 많아요.

수십 년이 흐르는 동안 〈호이테〉는 많이 바뀌었어요. 그러나 저녁 8시 뉴스 〈타게스샤우〉와도 여전히 다른 점이 많아요. 가장 큰 차이점이라면 〈호이테〉에서는 보도 내용을 단순히 읽는 데 그치지 않는다는 것이에요. 보도국 기자, 그러니까 해박한 지식을 가지고 뉴스 원고를 직접 작성하는 저널리스트가 뉴스를 진행해요. 방송에서 기자는 보도 내용에 대해 더 많이 설명할 수도 있고, 시청자들에게 직접 의견을 묻기도 해요.

독일 마인츠에 있는 ZDF 방송사에서도 수십 명의 저널리스트들이 아침부터 밤늦게까지 일하고 있어요. 기자들은 TV로 내보내는 뉴스 프로그램은 물론이고, 대규모 온라인판 보도를 통해 〈호이테〉 뉴스를 시청자들에게 공급하는 데 최선을 다하고 있어요.

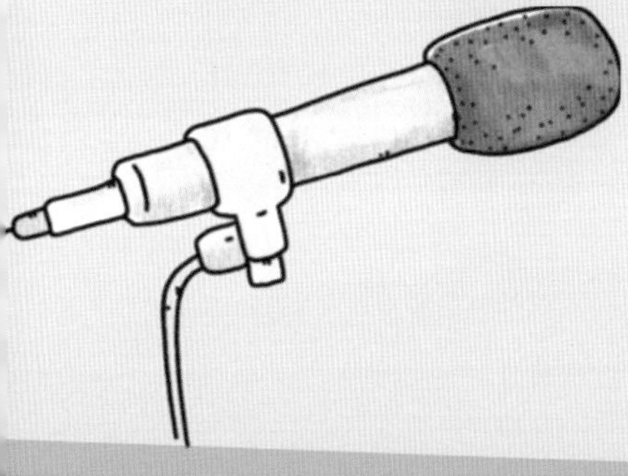

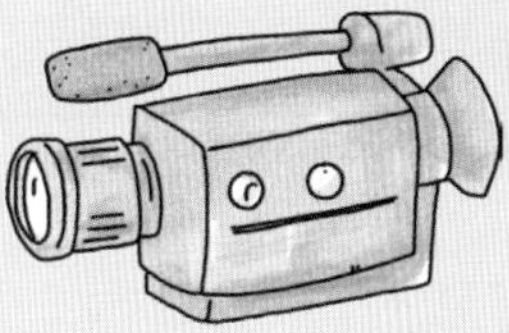

3위

〈RTL 악투엘〉

〈타게스샤우〉의 역사는 35년이 넘었고, 〈호이테〉는 약 25년이 되었어요. 1988년 4월 5일, 뉴스 프로그램 〈RTL 악투엘〉이 쾰른에서 방송을 시작했어요. 시청자들은 이 뉴스를 통해서도 국내외의 중요한 소식을 접하고 있어요. 이번에도 개발자들은 되도록 많은 사람이 이 뉴스를 시청하게 하려면 다른 프로그램과 어떻게 차별화된 내용으로 만들어야 할까 고민했어요.

아이디어 하나가 떠올랐어요. 편집부에서는 단순히 사건 보도에 그치지 않고, 왜 그 사건이 사람들의 생활에 중요한지를 알기 쉽게 설명하기로 했어요. 예를 들어 정치인들이 다음 해에 특히 많은 돈을 고속도로 보수에 지출하기로 결정한다면, 뉴스에서 그 영향과 효과를 설명하는 식이에요. 아마 시청자들로서는 자주 차가 막히고 휴가를 떠날 때 시간이 오래 걸리겠죠. 고속도로를 보수하려면 우선 도로를 막아야 하니까요.

그 밖에 〈RTL 악투엘〉은 중간 상황보다는 진짜 결과에 대해 더 많이 보도하려고 해요. 가령 정치인들 사이의 수많은 논의를 전하기보다는, 어떤 사안에 대한 정치인들의 합의로 인해 국민 생활에서 정말 뭔가가 달라졌을 때 비로소 보도하려고 해요.

그를 통해 절약된 시간은 다른 주제를 다루는 데 사용되지요. 방송은 생활에 밀착될수록, 재미있을수록, 기발할수록 더 좋다는 생각이에요. 조깅하던 사람이 아기 사자를 발견했다고요? 기니피그를 위해 최근에 해먹이 나왔다고요? 시청자는 이런 내용을 〈RTL 악투엘〉에서 접할 수 있어요. 물론 대부분 방송이 끝날 때쯤이죠.

그 밖에도 〈RTL 악투엘〉 편집부는 많은 부분에서 〈타게스샤우〉나 〈호이테〉보다 자유분방해요. 선거가 치러지기 전, 뉴스 앵커 페터 클뢰펠은 오토바이를 타고 독일을 일주하며 방송을 진행한 적이 있어요.

진지함과 오락이 합쳐진 이런 보도 형식은 시청자들에게 좋은 반응을 얻고 있어요. 매일 저녁 6시 45분에 〈RTL 악투엘〉이 방송을 시작하면 약 300만 명의 사람들이 이 뉴스를 시청해요. 이로써 〈RTL 악투엘〉은 〈타게스샤우〉와 〈호이테〉에 이어 시청률 3위를 차지했어요.

➡ '앵커'란?

주로 미국에서 뉴스 프로그램 진행자를 앵커라고 불러요. 1990년대부터 독일인들도 갈수록 이 단어를 자주 쓰고 있어요. 앵커는 단순히 뉴스를 알려줄 뿐 아니라 논평하는 일도 해요.

어린이 뉴스 프로그램 1위

〈로고!〉

뉴스 프로그램에 나오는 모든 보도 내용을 정확히 이해하기가 때론 쉽지 않아요. 어린이만이 아니라 어른들도 이해하지 못하는 경우가 있어요. ZDF 대표이사 토마스 벨루트도 뉴스 내용을 항상 전부 이해하는 건 아니라고 인터뷰에서 말한 적이 있어요. "그럴 땐 〈로고!〉를 보며 이렇게 생각해요. '맞아, 저런 게 설명이지!'"

〈로고!〉 개발자들이 이 이야기를 들으면 분명히 좋아하겠죠. 그들도 1989년에 바로 이 문제를 고민하고, 마인츠에 있는 ZDF 스튜디오에서 어린이를 위한 최초의 TV 뉴스 프로그램을 제작했어요. 이름을 〈로고!〉라고 지은 이유는, 프로그램의 모든 내용을 무척 간단하고 논리적으로 설명해야 한다고 생각해서예요. 일주일 7일간 키카(Kika)라는 어린이 채널에서 방송되는 〈로고!〉는 독일에서 가장 유명하고 성공적인 어린이 뉴스 프로그램이에요.

〈로고!〉 제작팀은 매일 10여 분 동안 세계 각지에서 들어온 중요한 뉴스를 보여 줘요. 물론 심각하고 슬픈 소식도 보도하지요. 방송 때마다 10여 명이 함께 작업하면서 모든 내용을 잘 전달하기 위해 노력하고 있어요. 그래서 〈로고!〉 진행자들은 가능하면 외래어를 사용하지 않아요. 또한 시청자가 보도 내용에 대해 들은 적이 없어도 금방 이해할 수 있게 프로그램을 구성해요. 대단히 복잡한 주제들은 가끔 그래픽과 애니메이션을 이용해 한 번 더 설명하죠.

그 밖에도 〈로고!〉는 〈타게스샤우〉, 〈호이테〉, 〈RTL 악투엘〉과 몇 가지 다른 점이 있어요. 정치인이나 유명 스포츠 선수들을 뉴스 진행자가 아니라 어린이 리포터가 인터뷰한다는 것이죠. 어린이 리포터는 가끔 어른들이 생각지도 못한 질문을 던져요. 〈로고!〉에서 정치인들은 혹시 몰래 패스트푸드 가게에 가지는 않는지, 얼마나 부자인지, 처음 키스한 적이 언제인지 등의 질문에 대답해야 했어요.

이제 〈로고!〉는 TV뿐만 아니라 온라인에서도 볼 수 있게 되어 사람들은 덕분에 많은 뉴스와 배경지식을 얻을 수 있어요.

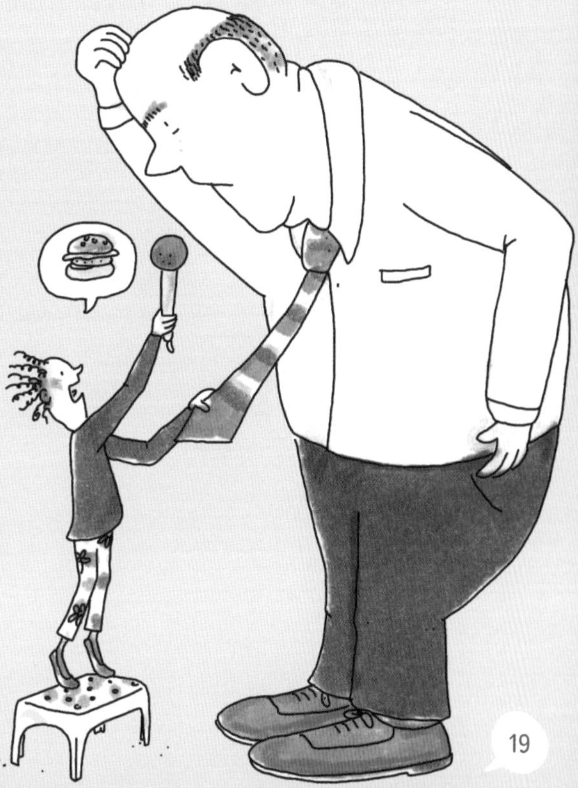

그리고 인터넷에는 구체적으로 어떤 것들이 있을까?

옛날에는 <타게스샤우>, <호이테>, <RTL 악투엘>, <로고!>가 TV에서만 나왔어요. 세상에서 무슨 일이 벌어지는지 알려면 시청자들은 정확히 방송이 시작하는 시간에 맞춰 소파에 앉아 있었어요. 마치 학교 수업이 시작할 때 여러분이 취하는 자세 같았죠. 이제 이런 건 상상할 수 없어요. 언제라도 인터넷에서 뉴스를 볼 수 있는 게 당연한 시대가 되었어요. <타게스샤우>, <호이테>, <RTL 악투엘>, <로고!>도 온라인으로 제공되고 있어요. 여러분이 직접 인터넷으로 정보를 얻고 싶다면 미리 부모님과 의논하세요. 그리고 어떤 것이 여러분에게 적합한지, 어떤 게 부모님과 인터넷으로 보기에 가장 좋은지 함께 고민해 보세요.

➡ 여러분도 유명 정치인이나 스포츠 선수나 연예인을 인터뷰하고 싶은가요?

<로고!>에 리포터로 지원하세요. 그러려면 여러분이 자신을 소개하면서 왜 리포터가 되고 싶은지를 이야기하는 짧은 영상을 찍어야 해요. 뿐만 아니라 영상에서는 누군가를 인터뷰해야 해요. 부모님이나 선생님도 좋아요. 영상을 DVD로 만든 뒤 여러분의 생년월일, 주소, 전화번호, 이메일 주소와 함께 우편으로 'ZDF-TV, 로고! 어린이청소년 리포터, 55100 마인츠'로 보내세요. 응원할게요!

오스트리아와 스위스는?

오스트리아와 스위스에도 당연히 뉴스 프로그램이 있어요. 오스트리아에서 가장 인기 많은 뉴스는 오스트리아 방송 ORF에서 제작하는 〈차이트 임 빌트〉(줄여서 ZIB라고 해요)예요. 오스트리아 사람 100명 중 76명은 일주일에 적어도 세 번 ORF 뉴스를 본다고 해요. ORF도 독일의 ARD와 마찬가지로 공영방송이에요. 〈차이트 임 빌트〉 다음으로는 큰 격차를 두고 〈풀스 4 뉴스〉가 2위에 올랐고, 3위는 〈세르부스 TV 뉴스〉예요. 둘 다 민영방송 프로그램이지요. 오스트리아 어린이청소년들도 뉴스에 관심이 많아요. 16살 이하 어린이청소년의 40퍼센트가 일주일에 여러 번 뉴스를 읽거나 시청해요. 그리고 부모님의 절반 이상이 가끔씩 혹은 규칙적으로 아이들과 함께 최신 뉴스에 대해 이야기를 나눈다고 해요.

독일어를 사용하는 스위스 지역에서도 공영 TV의 뉴스가 가장 인기 많아요. 스위스 사람 100명 중 67명은 일주일에 적어도 세 번 스위스 방송 SRF의 뉴스를 시청해요. 메인 뉴스의 이름은 독일과 똑같이 〈타게스샤우〉이지만 시작 시간은 매일 저녁 7시 30분이에요. 스위스에서는 아주 많은 사람들이 인터넷으로 뉴스를 접해요. 100명 중 80명이 인터넷에서 뉴스를 찾아 읽어요. 반면에 100명 중 64명만 TV 뉴스가 더 중요하다고 말하고 있어요.

온라인판 뉴스:

〈타게스샤우〉

홈페이지

홈페이지는 각 뉴스 프로그램의 집이라고 할 수 있어요. 이곳보다 더 많은 정보를 한꺼번에 제공하는 곳도 없지요.

www.tagesschau.de

이곳엔 최신 뉴스, 인터뷰, 배경 기사, 수많은 영상과 오디오와 사진, 방송 파일 등이 있어요.

앱

스마트폰을 이용해 정보를 얻으려면 해당 방송에서 제공하는 뉴스 앱을 내려받으면 돼요. 앱에는 가장 중요한 뉴스들이 짤막하고 보기 좋게 분류되어 있어요. 그 밖에 알람도 설정할 수 있어요. 이건 특히 중요하고 흥미로운 사건이 벌어지면 뉴스 편집부에서 여러분에게 뉴스를 보내는 거예요.

있어요
(ARD Tagesschau)

인스타그램

뉴스 편집부에서는 이곳에 특히 인상적인 사진이나 세계에서 일어난 중요한 사건을 찍은 짧은 동영상을 올려요. 뿐만 아니라 기자들은 인스타그램용으로 그래픽을 만들어 아주 까다로운 주제를 설명하기도 해요. 사용자들은 인스타그램에 올라온 사진과 동영상에 논평을 붙이며 함께 주제에 대해 토론할 수 있어요.

있어요
(ARD Tagesschau)

〈호이테〉	〈RTL 악투엘〉	〈로고!〉
www.heute.de	www.rtl.de	www.logo!.de
역시 최신 뉴스, 영상, 배경 뉴스, 인터뷰 등이 나와 있어요. 온라인으로 제공되는 뉴스 총량은 〈타게스샤우〉보다 적어요.	RTL은 온라인으로 제공하는 뉴스의 규모가 가장 작아요. '뉴스'를 클릭하면 최신 뉴스와 영상을 볼 수 있어요.	〈로고!〉 홈페이지에는 최신 뉴스, 영상, 시청자 참여 활동, 사진, 방송과 관련한 재미있는 정보가 나와 있어요. 특히 훌륭한 설명 기사와 영상이 많아서 뉴스를 이해하지 못했을 때 참고하면 좋아요.
있어요(ZDF heute)	RTL에서는 앱을 제공하지 않아요.	〈로고!〉 앱은 따로 없지만, ZDF의 어린이 앱(ZDFtivi)에는 방송에 관한 많은 정보가 담겨 있어요.
있어요(ZDF heute)	있어요(RTL aktuell)	있어요(ZDF logo!)

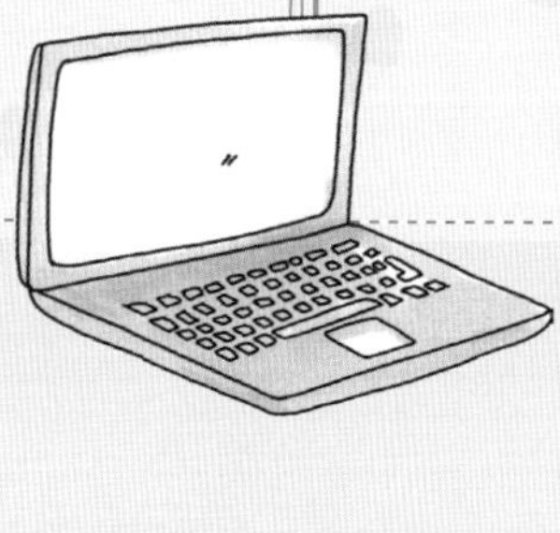

	〈타게스샤우〉
유튜브 유튜브에는 대개 인스타그램에 나오는 것보다 긴 동영상이 올라와요. 사용자는 동영상을 평가하고 논평을 붙일 수 있어요.	있어요 (ARD Tagesschau) 최근 방송, 여러 주제에 대한 설명 영상 등을 볼 수 있어요.
페이스북 보도국에서는 페이스북에도 뉴스, 동영상, 인터뷰, 설명 그래픽, 그 밖에 재미있거나 막후에서 벌어지는 일들을 페이스북에 공개해요. 사용자는 모든 주제에 대해 함께 토론하고 직접 편집부에 질문도 할 수 있어요.	있어요 (ARD Tagesschau)
트위터 트위터보다 짧은 소통이 가능한 공간은 거의 없어요. 이곳에서 뉴스는 보통 2줄밖에 되지 않아요. 대부분 링크가 첨부되어 있어서 더 많이 알고 싶으면 클릭하면 돼요. 트위터 사용자들도 함께 토론하거나 편집부에 직접 의견을 전할 수 있어요. 마음에 들지 않는 부분이 있으면 편집부에 직접 의견을 전달할 수 있어요.	있어요 (ARD Tagesschau)

〈호이테〉	〈RTL 악투엘〉	〈로고!〉
없어요	없어요	〈로고!〉 전용 채널은 없지만, 모든 ZDF 뉴스들을 묶어 어린이를 위해 제공하고 있어요.(ZDFtivi)
있어요(ZDF heute)	있어요(RTL aktuell)	없어요
있어요(ZDF heute)	있어요(RTL aktuell)	없어요

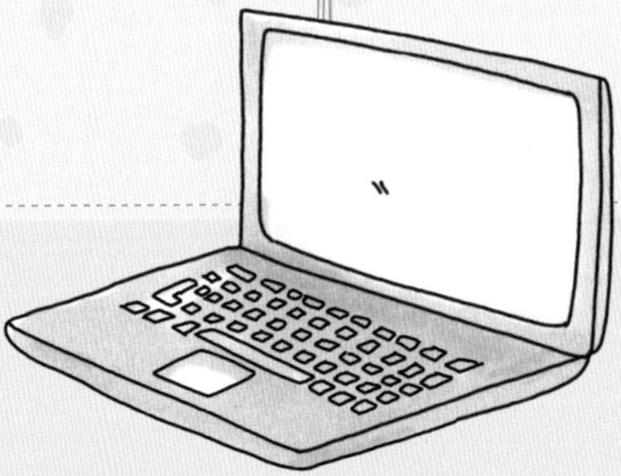

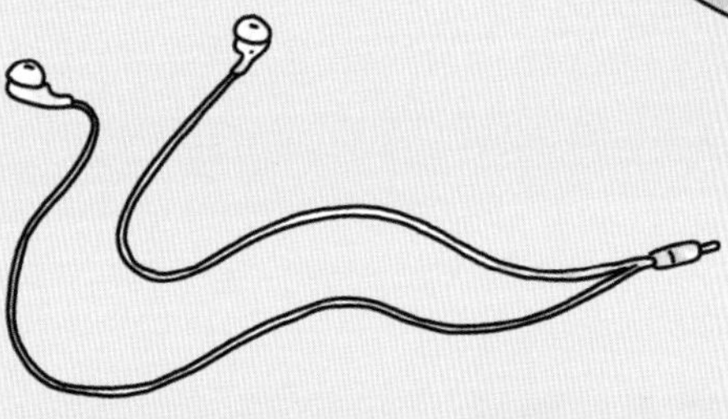

잉고 참페로니는 ARD의 뉴스 프로그램 〈타게스테멘〉의 진행자예요. 인터뷰에서 그는 옛날에 왜 스튜디오에서 테이블 밑으로 몸을 숨겼는지, 근무할 때 왜 분홍색 토끼 의상을 입지 않는지, 혹시 방송에서 가끔 집에 있는 아이들에게 몰래 신호를 보내지는 않는지 들려줄 거예요.

© Foto: picture alliance

〈타게스테멘〉의 방송 시간은 30분 정도예요. 그럼 참페로니 씨도 하루에 30분만 일하나요?

그러면 얼마나 좋겠어요! 사실 저의 하루 일과는 오전 11시 30분에 첫 회의를 하면서 시작해요. 뉴스는 밤늦은 시각에 나가요. 저는 대부분 자정이 넘어서야 집에 가죠.

그럼 하루 종일 무엇을 하시나요?

회의에서 뉴스 시간에 어떤 주제를 보도할지, 그 주제를 어떻게 하면 최고의 뉴스로 만들 수 있을지 동료들과 함께 고민해요. 회의가 끝나면 통신사 뉴스, 웹사이트, 신문을 읽어요. 모든 걸 정확히 알고 있어야 하니까요. 그 밖에 방송에 나갈 기삿거리를 제공하는 특파원들과 전화 통화를 해요. 그 후에는 뉴스에서 영상이 나가기 전, 카메라 앞에서 말할 내용을 미리 글로 기록해 둬요.

모든 내용을 외워서 해야 하나요?

다행히 그렇지는 않아요! 뉴스가 나갈 때 텔레프롬프터*에서 보여 주는 글을 읽어요. 텔레프롬프터는 자막이 흐르는 모니터예요. 시청자에게는 보이지 않아요. 비밀 커닝 페이퍼라고 할 수 있죠. 텔레프롬프터의 글은 평소에 말하는 것처럼 작성해야 해요. 입말은 글말과 달라요. 그래서 저는 오후에 사무실에서 글을 작성하면서 한 번쯤 크게 소리 내어 읽어요.

참페로니 씨의 텔레프롬프터에 나오는 글은 엄청나게 큰 글씨로 적혀 있다고 들었어요. 아버님이 당신이 방송에서 말하는 속도가 너무 빠르다고 했다면서요?

맞아요. 그런데 제 동료 카렌 미오스가는 문장 전체가 한눈에 들어오게 하려고 글자 크기를 아주 작게 조절했어요. 하지만 저는 속도가 빨라지지 않도록 한 번에 늘 단어 몇 개씩만 보려고 해요. 제 텔레프롬프터에 적힌 글자가 큰 것은 그 때문이에요.

그래도 아버님이 〈타게스테멘〉을 시청할 때 당신이 말하는 속도가 여전히 빠르다고 느낄까요?

* Teleprompter: 원고 내용을 컴퓨터에 입력한 뒤, 필요할 때 모니터로 보여 주는 장치예요. 방송 또는 연설에서 출연자나 연설자가 종이 원고 대신에 모니터를 보며 말할 수 있어요.

네. 아버지는 이탈리아 분인데, 40년 넘게 독일에서 살아 독일어를 아주 잘하세요. 하지만 언제나 제게 이렇게 말씀하시죠. "좀 더 천천히! 그렇게 빨리 말하지 말고!"

언젠가 〈타게스테멘〉에서 당신이 대단히 불쾌한 이메일을 받고 그걸 읽어 준 적이 있어요. 이런 내용이었죠. "ARD는 침입자이자 외국인 노동자인 참페로니를 언제 내쫓을 겁니까? 그 사람은 자기 출신지로 가야 해요. 시칠리아로!" 이런 말을 들으면 슬프죠?

증오 메일을 받고 좋아할 사람은 없어요. 하지만 저는 그 메일이 재미있다고 생각했어요. 처음부터 끝까지 말도 안 되는 소리를 적었거든요! 출신지로 돌아가야 한다면 저는 독일의 비스바덴으로 가야 해요. 그곳에서 자랐거든요. 그리고 저의 조상은 북부 이탈리아 사람이지 시칠리아 출신이 아니에요. 독일에는 독일인과 완전하지 않은 독일인, 두 부류가 있다고 생각하는 사람들이 더러 있어요. 아버지나 어머니가 다른 나라 출신이면 완전하지 않은 독일인이라고 보는 거죠. 이런 생각을 접할 때마다 슬퍼져요.

방송이 시작되기 직전에는 무엇을 하시나요?

정장을 갖춰 입어요. 메이크업도 하고요. 얼굴에 파운데이션과 파우더를 조금 바르죠. 그래야 방송에서 땀을 흘려도 번들거리지 않아요.

그래도 오래 걸리는 정식 분장은 하지 않죠?

맞아요. 저는 속눈썹 화장 같은 건 하지 않아요. 립스틱도 바르지 않고요. 여성 진행자들은 메이크업을 조금 오래 하고 머리도 멋있게 손질하죠.

만일 당신이 코에 피어싱을 하고 싶다거나 얼굴에 문신을 하겠다고 하면 메이크업 아티스트들은 뭐라고 할까요?

우리는 TV 방송을 하는 사람들이에요. 제가 갑자기 얼굴에 피어싱이나 문신을 하거나 분홍색 토끼 의상을 입는다면 당장 모든 시청자들이 '아니, 저게 무슨 일이지?' 하고 의아하게 생각할 거예요. 또 얼굴이 번들거리거나 치아 사이에 상추 이파리가 끼어 있다면 모두들 이렇게 생각하겠죠. '왜 모든 게 평소 보던 것과 다르지?' 그럼 아무도 제 말에 귀를 기울이지 않을 거예요.

겉모습으로 시청자의 주의를 흐트러뜨려서는 안 돼요. 시청자들은 그런 걸 금방 알아채요. '아하, 모습이 평소와 똑같군. 양복을 입었고, 넥타이를 맸고, 게다가 비스듬히 매지도 않았고. 좋아. 저 사람이 무슨 말을 하는지 어디 들어 보자.'

뉴스 진행을 위해 기발한 아이디어를 많이 내시는 걸로 알고 있어요. 그럼 원할 때는 무슨 엉뚱한 짓이든 다 해도 되나요?

밤이 되면 시청자들은 소파에 앉아 있어요. 하루 종일 오랫동안 일을 했고, 아이들은 잠자리에 들었고, 이제 시청자들도 피곤을 느끼고 곧 침대에 들어가려 해요. 하지만 저는 방송에 나오는 보도 영상에 시청자가 흥미를 갖게 하고 싶어요! 그때 유쾌하거나 기상천외한 아이디어가 즉흥적으로 떠오르면 기꺼이 실행에 옮깁니다.

예를 하나 들어 주시겠어요?

어느 전시회 소식을 전한 적이 있어요. '기다림'을 주제로 한 전시회였죠. 그때 방송에서 제가 30초 동안 한마디도 하지 않았어요. 그냥 우두커니 서서 카메라를 보며 뉴스가 시작되기를 기다렸죠. 저는 시청자들이 이런 생각을 하기를 바랐어요. '아니, 저 사람 뭐 하고 있는 거지?' 그러곤 제가 무엇 때문에 아무 말도 하지 않았는지 알아차리고 재미있어 하기를 바랐어요.

〈타게스테멘〉이 어른을 위한 뉴스 프로그램인데도 어니와 버트*를 초대해 인터뷰를 하셨죠.

그때가 〈세서미 스트리트〉의 방송 기념일이었어요. 어렸을 때 그 프로그램을 무척 좋아해서 늘 시청했죠. 원래 어니와 버트는 인형이잖아요. 그때는 상자에 담겨 우리 스튜디오에 왔어요. 그런데 인형 아티스트가 받아드는 순간 갑자기 살아나는 거예요! 인형이 내 눈앞에서 눈썹을 움직이며 나와 대화한다는 게 정말 환상적이었어요.

이런 아이디어들을 혼자 생각해 내나요?

편집부에서 함께 만들 때가 많아요. 방송은 어차피 팀에 의해 탄생하는 거니까요. 셀 수 없이 많은 사람들이 함께 작업해요. 모든 것을 촬영하는 촬영 기사, 뉴스 영상을 자르는 필름 편집자, 콘셉트를 기획하는 편집자, 메이크업 아티스트, 연출자, 기술자, 그 밖에도 많은 사람들이 있어요.

그렇게 함께 작업하면 사고 나는 경우가 많나요?

놀랍게도 적어요. 그래도 이따금 사고 날 때가 있긴 있는데, 소리가 안 나올 때가 그런 경우죠.

혹시 카메라가 돌아가는데 뭔가 크게 사고 났을 때가 있었나요? 그래서 심장이 쿵쾅거리고 '이제 어떡하지?' 라는 생각이 들 때가 있었나요?

정말 큰 사고가 난 적이 한 번 있었죠. 물론 그건 기획된 것이긴 했어요. 제가 〈익살을 아세요?〉라는 프로그램에 속아 넘어간 거예요. 모두 다 상황을 알고 있었고 저만 몰랐어요. 왕년의 피겨스케이트 선수 카타리나 비트와 인터뷰를 앞두고 있는 상황이었어요. 그런데 소리가 끊기고, 카메라도 작동을 멈추다가, 갑자기 다시 화면에 영상이 들어오더니 카타리나 비트가 저에 대한 웃기는 이야기를 하는 거예요! 게다가 스튜디오에서는 갑자기 로봇 카메라까지 요란한 소리를 내며 사방으로 돌아다녔어요. 저는 테이블 뒤로 숨을 수밖에 없었어요.

그때가 〈익살을 아세요?〉라는 프로그램에 두 번째로 속아 넘어간 때였다고 알고 있어요.

맞아요! 처음 속아 넘어갔을 때 저는 집에 있었어

* Ernie and Bert: 〈세서미 스트리트〉에 나오는 캐릭터.

요. 하랄트 슈미트가 그 프로그램을 진행할 때였죠. 바람잡이 역할을 하는 남자가 캠핑용 밴을 다짜고짜 우리 집 차고 입구에 주차하고 그곳에서 휴가를 보내려는 거예요. 그런데 그 사람이 우리 집 앞에 차를 세운 건 순전히 우연이었어요!

부모님은 그때 그 남자가 집 앞에서 휴가를 보내는 걸 원치 않으셨던 거군요.
당연하죠! 그때 어머니가 무척 단호하셨어요. 저는 그냥 '음, 어, 힛' 이러면서 있었어요. 그때가 말하자면 저의 독일 TV 데뷔였던 셈이죠.

당시에는 그다지 크게 긴장하지 않았었나 보네요. 그럼 나중에, TV 방송국에서 실제로 일하면서 처음 카메라 앞에 섰을 때는 어땠나요?
그때는 떨렸죠. 마치 제가 제 옆에 서서 제가 어떻게 말을 하는지 관찰하는 느낌이었어요. 하지만 그건 오래 하면 할수록 쉬워진다는 걸 곧 깨달았어요. 이젠 크게 떠는 일은 없지만, 그래도 늘 어느 정도 긴장은 돼요. 방송에는 늘 긴장이 따라다니니까요. 방송이 시작되면 이런 생각을 해요. '이건 생방송이야. 지금 코를 후비면 누구든지 다 본단 말이야.'

하지만 흥미진진한 모험도 할 수 있을 텐데요. 가령 비밀 신호 같은 걸 줄 수 있잖아요. 참페로니 씨의 아이들이 생일을 맞았을 때 손가락으로 신호를 보낸다든가 하는 것 말이에요!
그런 일은 아직 해 보지 않았지만 비슷한 건 한 적이 있어요. 제 친구들이 지중해 마요르카 섬에서 휴가를 보내고 있었어요. 그 친구들에게 제가 신호를 보내야 하는 상황이었어요! 그래서 날씨 예보에 슬쩍 이런 말을 끼워 넣었죠. "오늘 함부르크의 날씨는 마요르카보다 화창했습니다." 친구들이 그걸 보고 즐거워했어요.

방송이 끝나면 한밤중에 귀가하잖아요. 그럼 잠은 잘 주무시나요?
학교에 다닐 때는 하루 일과가 대부분 다음과 같죠. 우선 1교시와 2교시에 수업을 한 뒤 쉬는 시간이 있어요. 3교시와 4교시에는 시험을 볼 수도 있겠죠. 그리고 다시 휴식 시간이에요. 5교시는 체육일 거예요. 오후엔 방과 후 동아리 활동을 하고요. 그렇게 시간이 흐르고 나면 하교할 시간이 돼요.
그런데 제 경우는 달라요. 제 일과는 오르막길과 같다고 할 수 있어요. 하루 종일 <타게스테멘>을 준비하다가 마지막에 가서, 즉 하루가 끝날 때 최고로 집중을 해야 하고 정신이 가장 맑아야 해요. 그래서 방송이 끝났는데도 일하고 싶은 욕구가 철철 넘칠 때가 가끔 있어요.
그래서 묘책을 써요. 메이크업을 지우고 옷을 갈아입은 뒤, 주로 자전거를 타고 집에 가는 거예요. 그렇게 자전거에서 손발을 움직이며 긴장을 모조리 날려 버리는 거죠. 그러면 다행히 편하게 잠들 수 있어요.

'공영'과 '민영'이란 무엇일까?

독일에는 수많은 TV 방송과 라디오 방송이 있어요. 그런데 이들 방송에는 모두 하나의 공통점이 있어요. '공영'이거나 '민영'이라는 점이에요. '아, 재미없어.' 지금 여러분은 이렇게 생각하고 곧장 페이지를 넘기려 할지도 모르겠네요. 그러나 이 두 단어에는 흥미로운 정보가 숨어 있어요. 방송이나 인터넷 콘텐츠 제작에는 비용이 많이 든다는 사실이에요. 그렇다면 방송에 필요한 돈은 전부 어디에서 나올까요?

독일에는 방송을 위해 커다란 항아리를 마련하고 그 안에 어른들이 돈을 넣어야 한다는 규정이 있어요. 넣어야 하는 돈의 액수는 2020년 현재 세대당 한 달에 17.50유로(한화 약 2만 3천 원)예요. 만일 한 세대에 여러 명이 같이 산다면 한 사람만, 예를 들어 여러분의 어머니만 수신료를 내면 돼요. 그렇게 낸 수신료는 공영방송으로 전달돼요. 방송에서는 그 돈으로 가장 먼저 직원들에게 봉급을 주고, TV에서 방영할 영화를 제작하고, 라디오에서 방송할 어린이 프로그램을 만드는 데 써요. 시청자들은 수신료를 내는 것으로 그치지 않아요. 돈을 낸 대가로 뭔가를 받아요. 되도록 중립적이고 독립적인 정보를 얻는 것이죠. 이렇게 해야 한다는 건 방송국가협약(Rundfunkstaatsvertrag)이라는 계약서에 적혀 있어요. 〈타게스샤우〉, 〈호이테〉, 〈로고!〉는 공영방송에서 제작해 내보내는 프로그램이에요.

반면에 민영방송은 방송 수신료에서 한 푼도 받지 않아요. 그래서 필요한 돈을 스스로 마련해야 해요. 'RTL'과 '슈퍼 RTL'의 방송에서는 광고가 자주 나오고 '키카'*에서는 한 번도 나오지 않는 걸 이미 눈치 챘나요? 민영방송에서 광고를 하는 이유가 바로 그 때문이에요. 키카는 공영방송이라, 커다란 항아리에 들어 있는 돈을 받아요. 반면에 RTL과 슈퍼 RTL은 자기네 방송국에 광고를 하는 회사로부터 대부분의 돈을 조달해요. 이 방

* RTL과 어린이 TV 채널인 슈퍼 RTL(Super RTL)은 민영 방송이고, 키카(Kika)는 공영 어린이 채널이에요.

송의 프로그램을 보는 사람이 많을수록 방송사에서는 더 많은 돈을 요구할 수 있어요. 그래서 민영방송의 입장에서는 많은 시청자를 확보하는 게 대단히 중요해요.

만일 정치시사 프로그램과 캐스팅 쇼 중에서 어느 것을 프로그램으로 편성할지 방송 책임자들이 고민해야 한다면, 아마 민영방송은 캐스팅 쇼를 선택할 가능성이 크겠죠. 왜냐하면 더 많은 사람들이 그 프로그램을 볼 거라고 생각할 테니까요. 공영방송이라면 정치시사 프로그램으로 기울 가능성이 커요. 방송 책임자들이 광고 수익에 크게 연연해하지도 않을뿐더러, 방송국가협약에 적혀 있는 내용을 지켜야 하니까요. 그건 사람들에게 가능하면 양질의 정보를 제공한다는 것이에요.

기자는 뉴스 기사를 어떻게 작성할까?

창밖이 아직 어두워요. 넓은 사무실 내부가 조용하네요. 이른 아침, 편집부 책상에 앉아 있는 사람은 뉴스 담당 기자 몇 명뿐이에요. 말을 하는 사람은 거의 없고 컴퓨터 자판을 두드리는 소리와 이따금 커피를 홀짝거리는 소리만 들려요. 모두 정신을 집중해 오늘의 첫 방송을 준비하고 있어요.

편집 기자 니나는 오늘 로마에서 시작되는 유럽챔피언십(EM) 축구 경기 기사를 쓰는 중이에요. 니나가 작성하는 기사는 나중에 뉴스 아나운서가 방송에서 읽을 거예요.

그러나 니나는 그 순간 머리에 떠오른 것을 단순히 컴퓨터에 입력만 하는 게 아니에요. 뉴스가 신문에 실리든, 또는 라디오나 TV나 인터넷으로 보도되든, 니나는 거의 모든 보도국 편집부에서 똑같이 통용되는 원칙을 지켜요.

➡ 가장 중요한 것이 맨 앞에 온다

기자들은 이미 19세기부터 이 원칙을 지켰어요. 당시 미국에서는 남북전쟁이 한창이었는데, 소식을 보내는 도중에 전신 연결이 자주 끊어졌어요. 그 때문에 원래 보내려던 10개의 문장이 아닌 2개의 문장만 편집부에 도착했지만, 기자들은 이미 중요한 내용을 확인할 수 있었어요.

➡ 해설이 들어간 방송은 예외

TV 뉴스를 시청하다 보면, 로고! 같은 일부 방송에서 '가장 중요한 것이 맨 앞에 온다'라는 원칙을 지키지 않는 걸 알 수 있어요. 처음 시작할 때 어떤 내용을 소개하거나 자세히 설명하면, 뉴스가 더 잘 이해될 때가 있어요. 뉴스 프로그램 〈호이테〉, 〈호이테저널〉, 〈타게스테멘〉도 해설이 들어간 방송이에요. 해설자는 어느 뉴스에서 무엇이 중요하고, 무엇이 문제인지를 형식에 얽매이지 않고 자유롭게 설명해 줘요.

원칙 1:

맨 앞에 가장 중요한 것을 적는다. 중간에는 덜 중요한 것을 배치한다. 맨 끝에는 중요하지 않은 내용을 적는다

이 원칙대로 하면, 시청자가 오래 기다리지 않고도 흥미진진한 사건에 대해 금방 알 수 있다는 장점이 있어요. 예를 들어 밤늦게 무척 피곤한 몸으로 뉴스를 보는 시청자는 겨우 문장 2개를 듣고 잠이 들 수 있어요. 그렇지만 가장 중요한 정보는 그 문장 2개에 들어 있었으니 이미 아는 것이나 마찬가지죠. 또한 인터넷이나 신문을 보더라도 모든 기사를 무조건 끝까지 읽을 필요가 없게 돼요.

이따금 어떤 정보가 가장 중요한지 니나도 금방 알지 못할 때가 있어요. 그걸 알아내기 위해 니나는 머릿속에서 수많은 질문을 던져요. 뉴스 저널리즘에서 중요하게 생각하는 그 질문들을 육하원칙이라고 해요—'누가?' '언제?' '어디에서?' '무엇을?' '어떻게?' '왜?'랍니다. 유럽챔피언십 축구 경기를 전하는 뉴스는 이 질문들에 대답해야 해요.

뉴스에서 가끔씩만 알려 주고 늘 대답해 주지는 못하는 중요한 질문이 하나 있어요. '어디로부터?'라는 질문이에요. 이건 뉴스 기자들이 누구로부터 정보를 얻었는지 추가로 밝혀야 한다는 뜻이에요. 이걸 가리키는 말로 기자들은 '취재원' 또는 '출처'라는 단어를 사용해요.

직접 실험해 보자!

학교에서 무슨 일이 있었는지 부모님이 늘 꼬치꼬치 알고 싶어 한다고요? "아무 일도 없었어요." 이렇게 말하기보다는, 위에서 말한 육하원칙에 따라 어떤 사건을 두 문장으로 요약해 보세요. 아마 여러분은 순식간에 중요한 정보를 알려 드리고 편하게 밥을 먹을 수 있을 거예요.

원칙 2:

뉴스와 의견을 구분한다

편집 기자 니나는 퇴근 후 친구들과 퍼블릭 뷰잉* 을 하기로 약속했어요. 유럽챔피언십 축구 개막 경기를 여럿이 대형 화면으로 함께 볼 거예요. 그래서 니나의 가방에는 독일 국기 문양의 목도리와 얼굴에 검정-빨강-노랑의 국기 색깔을 칠할 화장품이 들어 있어요.

그러나 니나는 자신이 독일 팬이라는 것과 독일 국가대표팀이 우승하기를 바라는 마음을 유럽챔피언십 기사에 적어서는 안 돼요.

나중에 뉴스를 보도할 아나운서를 위해 경기에서 무슨 일이 있었는지를 간결하고 객관적으로 기록해야 해요.

이 원칙은 뉴스에서 다루는 모든 주제에 해당돼요. 예를 들어 정치인들이 새로운 동물보호법을 만들겠다고 결정하면, 뉴스 아나운서는 법안에 정확히 무슨 내용이 담겼는지, 누가 법안에 찬성하고 누가 반대했는지, 그리고 그 이유가 무엇인지만 전달해요. 그런 다음 그 주제와 관련된 짤막한 영상을 내보내요. 이 경우에도 편집부는 그 어느 쪽 편도 들지 않으려고 애써요. 그러니까 기자는 찬성자와 반대자에게 늘 발언할 기회를 주고, 가능하면 객관적으로 보도하려고 노력해요.

이렇게 하는 이유는 시청자들이 우선 새 법안이 좋은지 나쁜지를 스스로 생각해 볼 수 있게 하기 위해서예요. 시청자는 자신의 의견을 갖추는 데 필요한 모든 객관적인 정보를 뉴스에서 얻어요.

➡ 논평은 예외!

'그렇지 않아요.' 여러분은 이렇게 생각할지도 몰라요. 왜냐하면 뉴스 프로그램에서 종종 기자가 카메라 앞에 서서 자신의 생각을 아주 분명하게 말하니까요. 그건 금지된 행동은 아니지만, 평범한 보도와는 구별돼요. 처음엔 최대한 중립적으로 뉴스를 전달하고, 이어서—분명하게 예고한 뒤—논평을 붙여요. 따라서 시청자들은 그 기자가 지금 자신의 의견을 말하고 있다는 것을 미리 알게 되지요.

➡ 중립적으로 보도하기란 너무 어려워요

그리고 늘 성공하는 것도 아니에요. 예를 들어 보죠. 새 동물보호법에 관한 뉴스 영상을 내보내기 위해 보도국 기자들이 친절한 여성 정치인에게 질문했어요. 그 정치인은 축사에 있는 닭이 왜 더 넓은 공간에서 살아야 한다고 생각하는지를 알기 쉽고 상냥하게 설명했어요. 그런 다음 기자들은 짜증을 내는 나이 든 남성 정치인에게 질문했어요. 그 정치인은 농민들이 새 축사를 짓는 일에 그렇게 많은 돈을 쓸 수 없다며 카메라에 대고 욕을 했어요. 여러분이라면 누구의 말을 더 믿고 싶을까요?

---

* Public Viewing: 특별히 준비된 공공장소에서 대형 화면을 통해 다른 현장에서 열리고 있는 스포츠 경기나 음악회 등을 많은 사람이 함께 관람하는 거예요.

퀴즈

니나는 유럽챔피언십 축구 기사를 어떻게 써야 할까요?

a. '축구는 수천 년 전부터 존재했다. 옛날 사람들은 공에 바람을 넣지 않고 동물의 털이나 깃털로 채워 사용했다. 어쨌든 요즘의 축구팀들은 가죽 공을 사용한다. 그것도 오늘 로마에서, 바로 그곳에서 유럽챔피언십 축구 경기가 시작된다.'

b. '오늘 로마에서 유럽챔피언십 축구 경기가 시작된다. 개막 경기에서 이탈리아와 독일이 맞붙는다. 개막식에 1만 명의 관중이 올 것으로 예상된다.'

c. '드디어 시작이다: 이탈리아에서 유럽챔피언십 축구 경기가 열린다. 독일 팀은 컨디션이 최고다! 오늘 저녁 나의 예상: 우리 선수들이 0:3으로 이긴다.'

해답

정답은 b예요. 처음 두 문장에서 벌써 육하원칙 중 5개 질문에 답변하며 글을 완성했어요. '언제'(오늘), '어디에서'(로마), '누가'(이탈리아와 독일), '무엇을'(개막 경기), '왜'(유럽 챔피언십 축구 경기).

반면에 기사 a에서는 가장 중요한 정보가 글 맨 끝에 나와요. 기사 c는 객관적이지도 않고 중립적이지도 않아요. 오히려 니나가 독일을 응원한다는 걸 드러내고 있어요. 그런 건 논평에서만 적어야 해요.

린다 체르바키스는 〈타게스샤우〉를 진행하는 아나운서예요. 이 인터뷰에서 체르바키스는 어떤 단어들을 항상 잘못 발음하는지, 임신 중에 입은 윗옷 등 부분을 왜 절개했는지, 그리고 아나운서 데스크의 서랍엔 어떤 물건들이 있는지 들려줄 거예요.

© Foto: Marcus Höhn

부모님이 가두 매점을 운영했다고 들었어요. 그럼 어렸을 때 과자나 사탕을 실컷 먹을 수 있었나요?

맞아요. 원하는 건 무엇이든, 속이 울렁거릴 때까지 먹었어요.

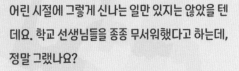

어린 시절에 그렇게 신나는 일만 있지는 않았을 텐데요. 학교 선생님들을 종종 무서워했다고 하는데, 정말 그랬나요?

부모님이 그리스 출신이에요. 부모님은 제가 그리스어도 익혀서 유창하게 하기를 바라셨어요. 그래서 함부르크에서 살 때 1학년부터 6학년까지 아침에는 늘 독일 학교에 가고 오후에는 그리스 학교에 갔어요. 그때는 그게 끔찍하게 싫었어요. 놀 시간이 없었으니까요. 더구나 학생들이 수업을 방해하면 선생님이 긴 자로 아이들 손바닥을 때렸어요.

부모님은 돈이 많지 않으셨죠? 그래서 힘들었나요?

저는 아무렇지도 않았어요. 그래도 부모님은 저희들에게 재미있는 어린 시절을 선물하려고 노력했어요. 실제로도 그렇게 하셨고요. 그러나 나이가 차서 김나지움에 들어갔을 때, 문득 다른 집들이 우리보다 돈이 훨씬 많다는 걸 알았어요. 학급에서 수학여행을 가면, 저는 학교에서 지원하는 돈을 받기 위해 늘 분홍색 종이에 뭔가를 적어내야 했어요. 그럴 땐 마음이 불편해서 신청서를 남들 몰래 선생님에게 제출하고 싶었어요. 같은 반 아이들은 대부분 아파트가 아니라 단독 주택에서 살았어요. 저는 오빠들과 같은 방을 썼고 가끔 오빠 옷도 입고 다녔어요.

〈타게스샤우〉를 진행할 때 입는 옷은 본인이 직접 고를 수 있나요?

꼭 그렇지는 않아요. 하지만 재킷이나 정장은 제가 고를 때가 많아요. 그럴 땐 아나운서들이 방송에 적합한 옷을 고를 수 있게 도와주는 여성 의상 담당자와 동행해요. 몇 달에 한 번 같이 시내에 나가서 쇼핑하죠. 거기에서 재킷 50여 벌과 정장 30여 벌을 입었다 벗고 또 입었다 벗어요. 그러면 어느덧 의상 담당자가 이렇게 말해요.
"그거 잘 어울려요!" 그럼 저는 이렇게 대답해요.
"아뇨. 내가 나 같지 않아요! 이건 싫어요!" 변장한 느낌이 들지 않는 옷을 찾아낼 때까지 계속 갈아입어요. 아나운서들이 스스로 편안하지 않은 옷을 입으면 그게 남들 눈에 다 보여요. 시청자는 아나운서의 모습에서 뭔가 이상한 걸 느끼죠. 우리 스스로가 불안해 보이거든요.

마음에 드는 옷을 찾으면 그 다음엔 뭘 하나요?

옷을 입고 카메라 테스트를 해요. 스포트라이트를 받으면 색이 갑자기 다르게 보여요. 그러면 모두 이렇게 말하죠. "지금 보니 전혀 초록색이 아니네. 청록색으로 보이는데. 네 얼굴도 창백해 보여." 그럼 옷을 반납해야 해요. 그래서 카메라 테스트를 할 때는 가격표를 그대로 둬요. 안 그러면 상점에서 옷을 받아 주지 않거든요.

옷값을 개인이 내나요?

아니에요. 방송국에서 지불해요. 제 1년 의상비가 정확하게 정해져 있어요. 돈은 제가 직접 받지도 않을뿐더러, 액수가 얼마인지도 알려 주지 않아요. 하지만 의상 담당자는 알죠. 그리고 다른 모든 것도 언제나 담당자가 지불해요.

그 옷들을 집에서도 입나요?

입으면 안 돼요. 일할 때 항상 멜빵바지를 입는 배관공처럼, 재킷은 제겐 순전히 작업복이에요. 재킷엔 제 이름표를 붙여요. 그리고 사무실에는 방송용 의상을 걸어 두는 옷장이 따로 있어요. 어느 재킷이 마음에 든다고 그걸 날마다 입어서도 안 돼요. 그렇게 하면 시청자가 이렇게 생각하겠죠. '뭐지? 다른 옷이 없나?' 실수로 같은 옷을 입지 않기 위해 제가 쓰는 방법이 있어요. 옷장에서 늘 맨 뒤에 걸려 있는 재킷을 꺼내 입는 거죠. 방송이 끝난 뒤엔 다시 맨 앞에 걸어 놓고요.

저녁 8시 뉴스 〈타게스샤우〉를 진행하는 당신의 하루 일과를 말씀해 주시겠어요?

저녁 6시에 방송국에 와요. 저는 아나운서라 앵커와 달리 뉴스 원고와 진행 발언을 직접 쓰지 않아요. 그건 편집부에서 작성해요. 방송 진행표를 확인한 뒤 방송에서 입을 옷을 골라요. 그리고 생강차를 끓여요. 이상하게 들리겠지만, 생강차가 페퍼민트나 카모마일 차보다 좋아요. 페퍼민트나 카모마일 차를 마시면 목소리가 갈라져요.

목소리가 갈라지면 어떤 일이 벌어지나요?

〈타게스샤우〉를 진행할 때 제 목소리가 이렇게 들리겠죠. "시청자 여러분 에에… 쿨럭쿨럭. 안녕하십니까. 어험, 죄송합니다." 이러면 당연히 안 되겠죠. 그래서 저는 탄산이 들어가지 않은 생수나 생강차만 마셔요.

탄산수는 나쁜가요?

안 좋아요. 그걸 마시면 방송 중 트림이 나올 수 있으니까요. 다행히 아직 그런 일은 없었지만요.

그러니까 방송 진행표를 확인하고, 재킷을 고르고, 생강차를 끓여 마신다는 거군요. 그 다음엔 뭘 하나요?

메이크업을 하고, 줄을 연결해요. 마이크를 다는 거죠. 그리고 편집부로 가요. 그곳에서 완성된 모든 뉴스 원고를 비서가 건네줘요. 원고를 죽 읽어 나가면서 표시를 해요. 예를 들면, 각 문장에서 가장 중요한 부분에 표시하는 거죠. 어떤 곳에는 화살표를 그려 넣어요. 그래야 제가 나중에 알 수 있거든요. '아하, 여기에선 목소리를 높게 유지해야 하는구나. 그래야 문장이 아직 안 끝났다는 걸 시청자가 알 수 있으니까.' 아나운서의 뉴스 전달 기법은 가능하면 모든 걸 쉽게 이해할 수 있도록 읽는 거예요. 시청자는 뉴스를 딱 한 번만 듣기 때문에 듣고 나서 금방 이해해야 하니까요.

항상 실수하는 단어가 있나요?

저는 '매사추세츠'를 발음하는 게 아주 어려워요. 얼마 전에는 방송에서 '아조프 해'라는 낱말을 발음해야 했어요. '아조프 해'도 어렵지만, 이 단어가 문장에서 다른 까다로운 낱말들 사이에 나오면 정말 당혹스러워요.

어느 도시나 어느 나라나 어느 지역의 이름을 어떻게 발음하는지 전혀 모르면 어떻게 하나요?

그럴 땐 아는 척해요. 그 단어를 슬쩍 약하게 발음하고 우물우물 말하죠. 하지만 그 전에 발음 데이터베이스를 찾아볼 시간이 없었을 때만 그렇게 해요. 발음 데이터베이스에는 발음하기 어려운 단어들이 많이 입력돼 있어요. 예를 들어 어느 배우의 이름을 모를 때, 이름을 클릭하면 컴퓨터에서 그 배우의 이름을 읽어 줘요.

뉴스가 나가는 동안 중요한 일이 일어날 때도 많은가요? 어떤 일들이 일어나나요?

저는 귀에 이어폰을 꽂고 있어요. 방송 중에 편집자와 연출자는 시청자에게 소리가 들리지 않도록 이어폰을 통해 저에게 연락해요. 이런 식이죠. "잠깐! 방금 중요한 사건이 발생했어요. 곧 보도 순서가 바뀔 거예요. 그러니 놀라지 말아요. 지금 원고를 새로 쓰는 중이에요."

그러니까 그 사람들이 방송 중에 말을 걸어도 당신은 아무 일도 없는 척한다는 거군요?

맞아요. 가장 좋은 건, 영상이 나가는 중에 편집자나 연출자와 이야기하는 거예요. 최악은 제가 방송에서 말을 하는 도중에 불쑥 저쪽에서 말을 걸어오는 거죠. 그럴 때 놀란 표정을 지으면 절대로 안 돼요! 그래서 연습을 열심히 해야 해요.

편집자가 빛의 속도로 원고를 새로 쓴 뒤, 그 원고가 도착하면 당신은 텔레프롬프터를 보며 말하는 거군요. 편집자가 원고를 빨리 끝내지 못하면 무슨 일이 벌어지나요?

그런 일이 한번 있었어요. 저녁 8시 뉴스는 아니었고, '타게스샤우24'라는 채널에서였어요. 그때 텔레프롬프터에 느닷없이 이런 메시지가 나왔어요. '뉴스 원고가 아직 끝나지 않았어요. 더 작성할 수도 없는 상황이에요!' 이따금 텔레프롬프터에서 글이 아예 사라져버리기도 해요.
물론 원고를 적은 종이가 옆에 있긴 한데, 그건 방송 전에 완성한 원고거든요!
그럴 때 해결책은 하나밖에 없어요. 진행자가 앉아 있는 데스크에는 특수 유리판이 부착되어 있어요. 편집부에서 작업하는 컴퓨터 시스템이 그 유리판으로 보여요. 그럼 저는 얼른 종이를 옆으로 밀어놓고 거기에 새 뉴스 원고가 나오기만을 바랄 수밖에 없어요. 그마저 실패하면 침착함을 잃지 않고 어떻게든 그 상황을 극복해야 해요.

데스크에 서랍도 있나요?

네. 그 안에는 펜과 거울 같은 게 있어요. 사용한 손수건이 들어 있을 땐 최악이지요. 동료 중 누군가가 두고 간 거죠. 아나운서들은 모두 같은 데스크를 사용해요. 그래서 곤란한 일도 생겨요. :-)

당신이 저녁 8시에 진행하는 〈타게스샤우〉는 수백만 명의 사람들이 시청해요. 그러면 당신은 수백만 유로를 받나요?

그렇다면 아주 신나겠죠! 사실은 그보다 아주 적어요. 저녁 8시 뉴스를 한 번 할 때마다 260유로를 받아요. 우리는 분 단위로, 다시 말해 방송 분량에 따라 보수를 받아요.

〈타게스샤우〉를 진행하는 아나운서가 되려면 어떻게 해야 하나요?

〈타게스샤우〉에서 일하려면 먼저 어디에서든 뉴스를 진행해본 경험이 있어야 해요. 저는 라디오 방송에서 시작한 뒤 《슐레스비히 홀슈타인 마가진》에서 일했어요. 그러던 중 〈타게스샤우〉에서 신입 아나운서를 찾고 있는데 캐스팅이 있을 거라는 소식을 듣고 지원했어요.
아나운서가 방송하는 모습이 방송국 이사들 마음에 드는 게 중요해요. 제 경우는 이사들이 제 목소리를 좋게 보았고 나머지 사항도 아무 문제가 없었어요. 다행히 그들은 아침에 제가 머리카락은 뻗친 채로 아이들을 깨울 때의 모습을 몰라요.

당신은 임신해서 배가 상당히 나왔을 때도 〈타게스샤우〉를 진행했어요. 만약 뉴스 도중에 진통이 왔다면 어떻게 되었을까요?

아마 이렇게 말했을 거예요. "아, 지금 제가 진통이 오고 있네요! 죄송합니다. 어차피 4분만 있으면 뉴스는 끝납니다. 이어서 날씨 전해드립니다. 저는 병원으로 가겠습니다." 그리고 뒷걸음질 쳐서 스튜디오에서 나갔을 테죠.

왜 뒷걸음질을 쳐요?

언제부터인가 배가 너무 나와서 재킷 단추를 잠글 수가 없더라고요. 하는 수 없이 재킷 뒤의 재봉선을 절개했어요. 그렇게 하니까 재킷이 앞쪽으로 다 쏠렸어요. 그때 단추를 채울 수 있었죠. 그리고 등에는 찢어진 커다란 삼각형이 생겼어요! 시청자들은 그걸 보지 못했어요. 〈타게스샤우〉에서는 제 앞모습만 보이니까요.

세상에서 무슨 일이 일어나는지 기자는 어떻게 알까?

아침이 되면 여러분은 옷을 입고, 식사를 하고, 이를 닦아요. 그리고 책가방을 집어 들고 버스를 타러 달려 나가죠. 뉴스를 보도하는 기자들의 하루 일과도 이와 비슷하게 시작돼요. 물론 기자들은 옷을 입을 때부터 〈도이칠란트풍크〉* 에서 나오는 뉴스를 듣기도 해요. 아침 식사 때는 일간지를 몇 개씩 읽어요. 이를 닦을 때는 욕실 문을 열어 놓아요. 거실 TV에서 나오는 〈아침 마가진〉을 보기 위해서죠. 버스에 앉아 있을 때는 온라인에 어떤 뉴스가 올라와 있는지 스마트폰으로 확인해요. 기자의 가방 안에는 보온병과 소시지 빵이 들어 있어요. 그러나 칫솔과 갈아입을 옷 그리고 여권은 없어요.

뉴스 담당 기자는 새벽부터 밤늦게까지 세계 곳곳에서 일어난 일을 보도하지만, 직접 사건 현장에 가지는 않아요. 그 대신 방송국 사무실에 앉아 모든 중요한 정보를 수집해요. 사무실에서 어떤 일들이 기다리고 있을지 미리 대강이라도 알고 있기 위해, 뉴스 기자들은 대부분 아침에 일어나자마자 간밤에 일어난 일들을 확인해요.

물론 많은 일간지들, 〈도이칠란트풍크〉, 〈아침 마가진〉, 또는 온라인 매체들도 세계 곳곳에서 무슨 일이 벌어지는지를 알아내야 해요. 그렇다면 뉴스를 보도하는 기자들은 세상에서 무슨 일이 일어나는지를 누구로부터 전해 들을까요?

* Deutschlandfunk: 독일 공영 라디오 채널.

➡ 밤중엔 대체 무슨 일이 일어날까?

'밤에는 아무 일도 일어나지 않아.' 여러분은 이렇게 생각할지 몰라요. 하지만 틀렸어요. 그건 세계 어디에서나 시간이 똑같지 않기 때문이에요. 독일에 사는 사람들이 잠자리에 들 때 미국은 대략 오후 시간대예요. 그러니까 그곳 대통령에겐 새 법안에 서명할 시간이 아직 많이 남아 있는 것이죠.

1. 통신사

뉴스 기자들은 아마 세상에서 호기심이 가장 왕성한 사람들일 거예요. 모든 걸 알고 싶어 하거든요. 미국 대통령은 저녁에 침대에서 몰래 햄버거를 먹을까? 독일 학교들에서 고장 난 화장실은 몇 개나 될까? 고래는 정말 자기들만의 언어로 대화를 할까? 그런데 이 모든 걸 직접 알아내려면 시간이 무척 오래 걸리겠지요. 그래서 〈타게스샤우〉, 〈호이테〉, 〈RTL 악투엘〉, 〈로고!〉를 비롯한 여러 방송의 편집부에서는 뉴스를 사들여요. 그래야 정보 수집도 빠르고 비용도 덜 드니까요.

뉴스를 판매하는 곳을 통신사라고 불러요. 통신사는 도매상과 비슷한 일을 해요. 다만 초콜릿이나 요구르트 등을 슈퍼마켓에 공급하는 게 아니라, 정보를 기자들에게 제공한다는 점이 달라요. 통신사가 이렇게 할 수 있는 이유는 그곳에서도 기자들이 일을 하기 때문이에요. 그러나 통신사에는 평범한 방송국 편집부보다 훨씬 많은 인원이 있어요. 독일의 디피에이(DPA: Deutsche Presse-Agentur) 통신사만 보더라도 100여 개 나라에 지국이 있고, 전 세계에 걸쳐 1천여 명의 직원들이 흥미진진한 뉴스를 찾아 24시간 일하고 있어요.

➡ 어떤 통신사들이 있을까?

세계적으로 중요한 통신사에는 로이터, 에이에프피(AFP: Agence France-Press), 에이피(AP: Associated Press), 디피에이(DPA)가 있어요. 방송사 편집부에서는 이들 통신사에서 기사와 사진과 영상 자료를 구매할 수 있어요.

통신사에서 제공하는 뉴스도 당연히 사실과 일치해야 해요. 이건 아주 중요해요. 그렇지 않으면 아무도 그 통신사의 뉴스를 사지 않아요. 그럼 통신사는 금방 파산하고 말 거예요. 그래서 통신사 기자들은 뉴스 기사를 꼼꼼하게 검토한 뒤 세계

➡ 통신사들은 정말 실수를 한 번도 하지 않을까?

그럴 리가 있나요. 자사 발표에 따르면, 독일의 디피에이 통신사는 하루 100여 건의 뉴스를 내보낼 때 약 10개의 실수가 나와요. 언뜻 들으면 많은 것 같지만, 이건 아주 자잘한 오류들까지 합한 숫자예요. 만약 통신사 기자가 63살의 정치인을 62살이라고 잘못 적으면, 곧 각 매체의 편집부로 정정 보도를 보내요. '인감 증명서'를 '인간 증명서'로 쓸 때처럼 조금 재미있는 오타가 나오기도 하지요. 그런 실수들도 즉시 바로잡아요.

로 내보내요.

함부르크에서 송출하는 〈타게스샤우〉만 보더라도 매일 3천여 개의 뉴스가 여러 통신사들로부터 들어와요. 뉴스는 편집부 컴퓨터로 바로 들어오기 때문에 편집 기자는 세계에서 무슨 일이 일어나고 있는지를 하루 종일 읽을 수 있어요. 기자들은 들어온 뉴스 중에서 가장 중요한 걸 골라 방송에 내보내요. 저녁 8시 뉴스 〈타게스샤우〉에서는 보통 총 10여 개의 주제를 다뤄요. 〈호이테〉나 〈RTL 악투엘〉에서도 비슷한 수의 뉴스를 방송해요. 다만 〈로고!〉에서는 그 수가 적어요. 주제를 설명하는 데 많은 시간이 필요하기 때문이에요.

퀴즈

옛날에는 통신사들이 뉴스 기사를 직접 기자들의 컴퓨터로 보내지 않았어요. 끝없이 감겨 있는 종이에 기사가 자동으로 들어왔어요. 당시 AP 통신사에서 꽤 재미있는 기사를 전송한 적이 있어요. 이따금 정식 기사가 아니라 헛소리 같은 영어 문장을 보낸 거예요. 'The quick brown fox jumps over the lazy dog 1234567890.' 번역하면 '날쌘 갈색 여우가 게으른 개를 뛰어 넘는다 1234567890.'라는 뜻이에요.

통신사는 왜 이런 기사를 보냈을까요?

a. 뉴스 기자들도 한번쯤 웃으라고.

b. 자막 뉴스에서 모든 글자와 숫자가 올바로 찍히는지 확인하려고.

c. 독일의 뉴스 기자들이 영어를 얼마나 잘하는지 보려고.

해답

정답은 b예요. 위의 영어 문장에는 모든 알파벳 문자와 모든 아라비아 숫자가 등장해요. 기사를 종이에 인쇄할 때 사용되는 글자 막대가 망가졌다면 그게 어느 것인지 금방 알 수 있으니까요.

2. 방송사 특파원

뉴스 편집국에서는 더 유익하고 재미있는 방송을 만들기 위해 자사 기자들을 세계 각지로 파견해요. 이 사람들을 특파원이라고 해요. 국내 특파원은 주로 독일 내에서 활동하면서 매력적인 기삿거리를 찾아다녀요.

특히 흥미진진하고 모험적인 것은 세계 오지에까지 가서 취재하는 외국 특파원의 생활이에요. 외국 특파원은 때때로 삶은 왕풍뎅이, 닭발, 악어 소시지도 먹어요. 또한 늘 비행기에 앉아 있기 일쑤이지요. 외국 특파원의 전화기는 한밤중에도 울릴 때가 많아요. 그러면 한 번 더 돌아누워 계속 잠을 잘 수가 없어요. 당장 침대를 박차고 나와 스튜디오로 달려가야 해요. 언뜻 들으면 이 모든 게 그다지 매력적으로 생각되지 않을 거예요. 그러나 선택권이 주어진다면 아마 많은 기자들은 외국 특파원이 되기를 바랄 거예요.

외국 특파원은 대개 몇 년씩 다른 나라나 다른 도시에 가서 살아요. 보통 그곳엔 스튜디오가 있고, 자체적으로 카메라 팀을 두고 있어요. 특파원은 현지에서 발굴한 흥미로운 사건들을 보도해요. 특파원이 어느 지역 전체를 담당하는 경우가 있어요. 예를 들어 브라질에 파견된 ARD 특파원은 페루, 아르헨티나, 볼리비아, 파라과이, 우루과이, 칠레 뉴스도 보도하지요. 때문에 외국 특파원들은 여러 곳으로 자주 여행을 다녀요.

특파원이 남들은 아직 모르는 흥미로운 사건과 직접 맞닥뜨리는 경우가 있어요. 그런가 하면 본국에 있는 동료 기자가 특히 관심이 가는 기사를 통신사를 통해 발견하고는, 외국 특파원에게 그 주제를 더 자세히 파고들라고 요청하기도 해요. 만일 세계 어딘가에서 지진이나 테러 같은 극적인 사건이 발생하면, 국내 편집국에서는 특파원에게 전화를 걸어 잠에서 깨워요. 그리고 독일에 사는 사람들이 관심을 가질 만한 것들을 가능하면 신속하고 자세히 알아내게 하지요.

"큰 사건이 일어나면 외국 특파원으로 나온 기자들은 고생이 이만저만이 아니에요." ARD 특파원을 지낸 프리트헬름 브레베크가 이렇게 말한 적이 있어요. 중요한 사건이 벌어지면 특파원들은 우선 저녁 8시 메인 뉴스에 나갈 영상을 제작해

야 해요. 뿐만 아니라 아침부터 밤까지 각각 정해진 시간에 방송되는 나머지 〈타게스샤우〉 프로그램, 〈타게스테멘〉, 〈나흐트마가진〉, 그리고 인터넷 뉴스에서도 자신이 알고 있는 소식을 보도해야 해요.

〈호이테〉, 〈RTL 악투엘〉, 〈로고!〉 같은 뉴스 프로그램, 라디오와 신문과 일부 인터넷 뉴스 사이트에서도 보도 방식은 대부분 비슷해요. 규모가 큰 편집국들은 통신사만이 아니라 자사 특파원으로부터도 정보를 받아요.

➡ 특파원을 가리키는 독일어 Korrespondent는 원래 무슨 뜻일까?

Korrespondent는 라틴어 correspondens에서 나온 단어예요. 번역하면 '대답하다' 또는 '연락하고 있다'는 뜻이에요. 특파원은 본국에 있는 방송사 편집국과 계속 연락을 취하면서 동료들의 보도 영역에 있는 문제들에 대한 대답을 찾는 사람이에요.

➡ 난감한 음식 초대

사람이 맛있다고 생각하는 음식은 사는 곳마다 천차만별이에요. 그래서 특파원이 외국에서 활동할 때는 현지인에게 색다른 음식을 대접받아요. ARD의 외국 특파원들이 촬영차 출장을 갔다가 맛본 음식은 다음과 같아요—차가운 닭발, 꿀벌 애벌레, 돼지의 귀, 해삼, 바다뱀 수프, 바나나 맥주, 햄맛 껌, 양의 뇌, 벌레, 카사바 죽(요리하는 사람이 카사바를 씹다가 냄비에 뱉어 넣어요), 삶은 왕풍뎅이, 개미 알 샐러드, 메뚜기 튀김, 말젖, 기니피그 튀김, 삶은 생쥐, 악어 소시지.

퀴즈

특파원도 이따금 실수를 해요! 사고는 흔히 생방송 중에 발생해요. 뉴스 생방송은 사전에 녹화하는 게 아니라, 특파원이 전하는 소식을 시청자가 실시간으로 보고 듣는 방송이에요.

다음 중 어느 것이 실제 방송에서 일어난 사고일까요? (여러 개를 골라도 좋아요.)

a. 특파원이 막 질문에 대답하려는 순간 그가 앉아 있는 의자가 굴러가면서 특파원의 모습도 화면에서 사라졌어요.

b. 인터뷰 도중 축구팬들이 특파원에게 자꾸 밀짚모자를 씌워요.

c. 특파원이 소들 틈에 서 있는데 갑자기 소가 마이크 줄을 잡아당기기 시작했어요. 소리가 나오지 않고 화면까지 검은색으로 바뀌었어요.

해답

정답은 a, b, c예요. 모두 〈타게스샤우〉 특파원들에게 일어난 일이고 방송으로 나간 사고예요. 믿지 못하겠다고요? 다음 주소에서 해당 영상들(과 그 밖의 사고 영상들)을 볼 수 있어요. http://intern.tagesschau.de/versprecher/

3. 그 외의 취재원들

통신사와 특파원은 뉴스 편집국에 정보를 제공하는 가장 중요한 취재원이에요. 취재원은 이 외에도 많아요. 가끔 시청자나 관청 혹은 사기업이 흥미로운 주제에 대해 알려 줄 때가 있어요. 또는 기자들이 예기치 않게—가끔 외국의—다른 매체에서 관심이 갈 만한 뉴스를 찾아내기도 해요. 뿐만 아니라 편집국 기자들이 인터넷의 사회관계망에서 우연히 뉴스거리를 발견하고, 그것을 나중에 방송으로 내보내는 경우도 있어요. 어느 것이든 기자는 늘 해당 사건이 어떻게 진행되고 있는지 정확히 알아야 해요. 왜냐하면 통신사가 제공하는 정보와 달리 이 뉴스들은 아직 자체적으로 검증이 끝나지 않았기 때문이에요.

➡ '사회관계망'이란 무엇일까?

트위터, 인스타그램, 페이스북, 유튜브처럼 사용자들이 서로 소통하는 인터넷 사이트를 사회관계망이라고 불러요. 사용자들은 이곳에서 서로 소식을 전하고, 사진이나 영상을 게시하고, 상대방의 게시물 내용이 얼마나 마음에 드는지 서로 대화를 나눌 수 있어요.

트위터는 어떻게 기능할까?

arsEdition @arsedition · 5분

트위터는 누구나 가입해서 무료로 이용할 수 있는 인터넷 사이트예요. 다만 13살 이상만 가입할 수 있다는 조건이 있어요. 트위터는 주로 어른들이, 그것도 전 세계에서 몇 억에 달하는 사람들이 이용해요. 기자들도 뉴스 정보를 신속히 얻기 위해 이 플랫폼을 자주 이용하지요. 트위터에 가입하면 즉시 자신의 글을 올릴 수 있어요. 그러면 트윗이라고 부르는 그 글을 다른 이용자들이 구독할 수 있어요. 다시 말하면, 다른 이용자들의 트위터에 그들이 좋아하는 이용자가 방금 세상에 내보낸 정보들이 자동으로 올라와요. 그중에서 특히 관심이 가는 글을 발견하면, 클릭 한 번으로 그 글을 내 '친구들'에게 보낼 수 있어요. 만일 친구들도 그 트윗을 흥미롭게 여긴다면, 마찬가지로 해당 글을 다른 사람들에게 계속 전달하겠죠. 트위터에 올라오는 많은 소식은 이런 식으로 몇 분 안에 전 세계로 퍼져 나가요. 회오리바람이 접근하니 모두 집 밖으로 나가지 말라고 소방관이 경고할 때는 트위터가 매우 유용하게 쓰이겠죠. 그러나 맞든 틀리든 개의치 않고 원하는 글을 누구나 쓸 수 있기 때문에 완전히 터무니없는 정보가 생성되기도 해요. 따라서 거짓말도 급속도로 널리 전파될 수 있어요.

#트위터 #뉴스 #소셜미디어 #중학생이알아야할뉴스의모든것

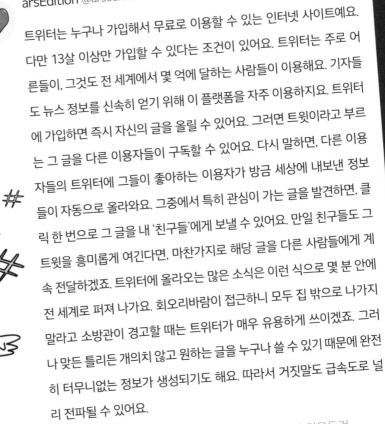

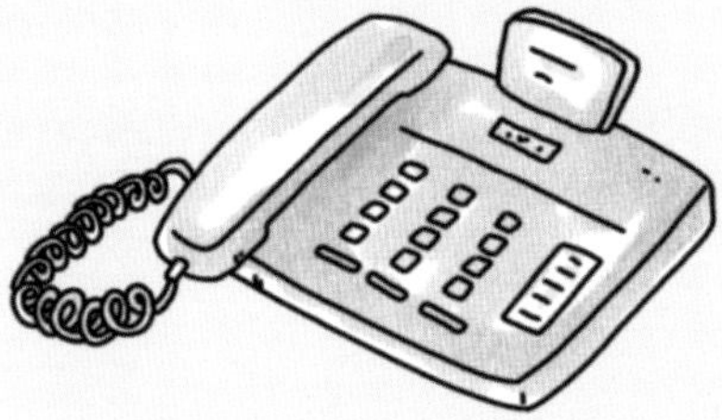

편집 기자 니나를 기억하죠? 유럽챔피언십 축구 기사를 쓰던 기자 말이에요. 편집부 컴퓨터 앞에 앉아 있는데 갑자기 니나의 트위터에 메시지가 뜨네요. 경기장 입구에서 기다리는 사람들 틈에서 뭔가가 폭발했다는 거예요. 니나는 이 소식을 곧장 보도해서는 절대로 안 돼요. 물론 정말 심각한 일이 일어났을 수도 있겠죠. 그러나 어떤 축구 팬이 그저 풍선을 터뜨린 건지도 몰라요. 최악은 그 메시지가 처음부터 끝까지 틀렸을 경우예요. 정신이 상자가 없는 말을 지어낸 뒤 관심을 끌려고 트위터에 올린 것일 수도 있어요.

니나와 동료 기자들은 이걸 알아야 해요. 사회관계망에 올라온 뉴스는 사실일 수도 있지만 반드시 사실이어야 하는 건 아니에요. 그 메시지들은 편집국에서 확인해 보아야 하는 정보일 뿐이에요.

아마 니나는 현지에 나가 있는 특파원에게 전화를 걸어 경기장으로 가 보라고 하겠죠. 그리고 나머지 자세한 정보는 예컨대 경찰과 통화하면서 직접 알아내려 할 거예요. 그 후 발 빠른 통신사에서 검증이 끝난 소식을 뉴스 주제로 보내오기까지는 아마 오래 걸리지 않을 거예요.

모든 뉴스 편집부에서는 가능하면 빨리, 그리고 다른 매체보다 먼저 극적인 사건을 보도하고 싶어 해요. 그러나 가장 중요한 원칙이 있어요. 방송과 신문과 온라인 뉴스로 나가는 기사는 사실이어야 한다는 것이죠.

➡ 뉴스 편집부에서 명심해야 하는 가장 중요한 금언

〈타게스샤우〉, 〈호이테〉, 〈RTL 악투엘〉, 〈로고!〉를 비롯해 여러 방송사의 뉴스 편집부에는 이 원칙을 표현하는 금언이 있어요. 'Be first, but first be right.' 우리말로 옮기면 대략 다음과 같아요. '맨 먼저 보도하라. 그러나 사실 보도가 먼저다.'

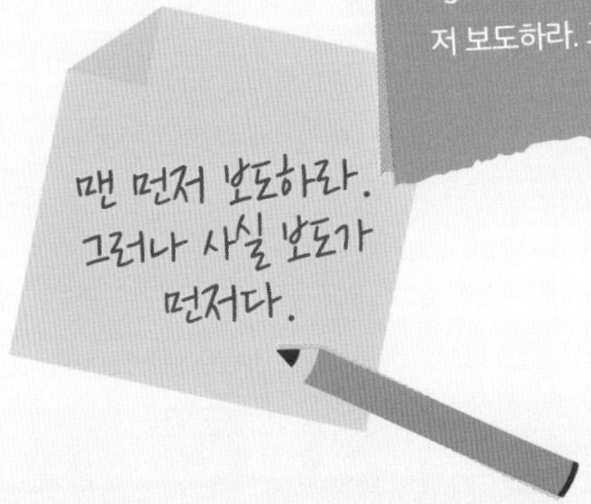

안네 겔리네크는 ZDF의 외국 특파원이에요. 다른 나라에서 살면서 그 곳에서 벌어지는 일을 보도하는 사람이지요. 겔리네크는 전쟁이 벌어지는 지역에서도 일한 적이 있어요. 아래의 인터뷰에서 겔리네크는 그런 곳에서 어떻게 조심하며 지냈는지, 혹시 밤에 전화를 받고 침대에서 일어났는지, 그래서 혹시 TV에 나올 땐 몰래 잠옷 바지를 입고 있었던 건 아닌지, 이런 이야기들을 들려줄 거예요.

© Foto: ZDF

겔리네크 씨는 지금 벨기에 브뤼셀에서 살면서 유럽연합에 대해 보도하고, 벨기에와 네덜란드와 룩셈부르크에서 일어나는 일들에 대해 ZDF 방송국에 소식을 전하고 있어요. 하루 종일 비행기를 타고 그 나라들을 오가야 하나요?

다행히 벨기에와 네덜란드와 룩셈부르크는 서로 가까이 붙어 있어요. 기차로 1시간만 가면 옆 나라에 도착해요. 또한 그곳들을 제가 직접 다녀야 하는 건 아니에요. 평일에는 아침에 사무실에 나가고, 커피를 마시고, 동료 직원들과 함께 그날 무엇을 보도할지, 마인츠에 있는 편집부에 무슨 뉴스를 제공할지 함께 논의해요. ZDF 뉴스는 마인츠에서 제작하거든요.

그 다음 일정은 어떻게 되나요?

사안에 따라 달라요. 예를 들어 유럽연합 정상회의가 열리면, 28개국 정상이 브뤼셀에 모여요. 우리 사무실에서 멀지 않은 곳이죠. 저는 걸어서 회의장에 가서 많은 기자들이 모여 있는 기자단에 합류해요. 얼마 후 메르켈 독일 총리와 프랑스 대통령이 지나가요. 그러면 우리가 모두 큰 소리로 물어봐요. "총리님! 오늘 가장 기대되는 소식은 뭡니까?" 그럼 총리가 대답해요. "이곳 정상회담에 오게 되어 대단히 기쁩니다. 오늘의 만남에 큰 기대를 갖고 있습니다. 감사합니다." 물론 영양가는 없는 대답이지요. 우리는 그 전에 2시간이나 추운 곳에 서서 그 순간을 기다렸거든요. 저는 계속 흥미로운 정보를 찾고, 그날의 주제에 대해 말해 줄 인터뷰 상대를 물색해요. 카메라맨이 모든 걸 촬영하죠. 그런 다음 보도에 내보낼 영상을 카메라맨과 함께 편집해요. 저는 영상에 들어갈 텍스트를 쓴 뒤 모든 자료를 마인츠로 보내요. 그게 나중에 뉴스에 나오는 거죠.

유럽연합 정상회의 같은 경우에는 그게 언제 열리는지 사전에 다 공개되지요. 하지만 그렇지 않고 예고 없이 터지는 사건도 많겠죠! 그럴 땐 밤에 전화를 받고 급하게 현장으로 달려가나요?

네. 한번은 브뤼셀에서 테러 위협이 있었어요. 경찰은 테러리스트들이 사람을 죽일지도 모른다고 생각했죠. 그날 새벽에 잠을 자고 있는데 제

전화기가 울렸어요. 마인츠의 ZDF 편집부에서 건 전화였어요. “기자님! 테러 경보예요. 지하철도 운행을 안 한답니다. 당장 사무실로 나가 보셔야겠어요.” 저는 자동차를 몰고 달려갔어요.

그 다음엔 어떻게 됐나요?

사무실에서 경찰을 비롯해 연락이 닿는 모든 사람들과 통화를 하며 정보를 수집했어요. 그건 아주 신속하게 처리해야 해요! 다행히 프로듀서라고 부르는 동료 직원들이 도와줬어요. 그런 다음 벨기에 통신사가 다른 도시에서 보내온 뉴스들을 읽었어요. 그리고 직접 시내로 나가서 현장을 확인했죠. 거리마다 사방에 군인들 천지였어요. 총을 든 군인들이 광장에서 순찰을 돌았어요. 그 모습을 보고 있자니 기분이 이상했어요. 다행히 거짓 경보였고 아무 일도 일어나지 않았죠.

당신은 ZDF 뉴스를 위해 영상 보도도 보내지만, 방송에서 인터뷰도 자주 하시잖아요. 그 인터뷰를 보면 당신의 머리 부분만 나와요. 아침에 빨리 방송에 나와야 할 때는 가끔 잠옷 바지를 입고 있을 때도 있나요?

잠옷 바지는 아니에요. 하지만 위에는 세련된 재킷을 입고 아래에는 낡은 청바지를 입을 때는 있어요. 아 참, 언젠가 유럽연합 집행위원회 회의를 벨기에의 휴양 도시에서 보도한 적이 있어요. 그때 제가 해변에 서 있었는데, 위에는 재킷을 입고 아래는 맨발이었어요. 평생 처음 맨발로 방송하는 즐거운 경험이었어요!

생방송은 마치 학교에서 앞에 나가 칠판에 계산 문제를 푸는 느낌일 것 같아요. 그러나 당신의 보도는 학교에서처럼 30명이 아니라 수백만 명이 시청하죠. 무슨 말을 할지 미리 구체적으로 생각해 두나요?

꼭 그렇지는 않아요. 하지만 방송 시작 전에 진행자에게 전화를 걸어 처음에 내게 무슨 질문을 할지 미리 상의해요. 인터뷰에서 진행자가 무얼 물었는데, 제가 “음, 그건 잘 모르겠는데요.” 하고 대답하면 얼마나 황당하겠어요. 가끔 진행자가 미리 상의하지 않은 질문을 던지기도 해요. 그럴 땐 임기응변을 발휘해 대답해야죠.

큰 실수를 한 적이 있나요?

생방송 도중 ‘지진 피해자’*라고 해야 하는데 ‘딸기 피해자’라고 발음한 적이 있어요. 그 말을 한 뒤 웃음까지 터져 나왔어요. 너무 바보 같았던 거죠! 다행히 웃음을 그치고 금방 수습했어요.

또 한번은 우크라이나에서 유럽챔피언십 축구 경기가 열리는 기간에 아침 일찍 어느 캠핑장에서 있었어요. “이곳은 분위기가 한껏 무르익었습니다. 축구 팬들이 밤새 축제를 벌였습니다.” 마이크에 대고 이렇게 말하고 있는데 뒤에서 성인

* 독일어에서 지진은 ‘에르트베벤Erdbeben’이고, 딸기는 ‘에르트베렌Erdbeeren’으로 발음이 비슷해요.

남자 4명이 무릎걸음으로 가는 모습이 화면에 잡힌 거예요. 그렇게 오리처럼 기어가면서 춤을 춘 거죠! 저는 앞에 있는 카메라를 보느라 전혀 몰랐어요. TV 스튜디오에 있는 진행자가 그 모습을 보고 사정없이 웃기 시작하면서 이러는 거예요. "안네, 뒤를 좀 돌아봐요." 정말 재미난 경험이었어요.

그때 당신은 러시아 특파원이었어요. 그곳 기자들은 독일 기자들보다 권리가 많이 제한된다고 들었어요. 당신은 러시아에서 원하는 걸 다 보도할 수 있었나요?

러시아는 제가 독일로 무엇을 보도하든 크게 개의치 않았어요. 러시아 정부는 러시아 기자들이 러시아에서 무엇을 보도하느냐를 중요하게 생각해요. 러시아 기자들은 그곳 정치인들 마음에 들지 않는 내용을 보도해서는 안 돼요. 이따금 감옥에 가는 러시아 기자들도 있고, 때론 살해되는 경우도 있어요.
외국 기자들에겐 러시아에서의 취재 활동이 생각만큼 위험하지 않아요. 저도 모든 걸 영상에 전부 담을 수는 없었지만, TV에서는 하고 싶은 말을 해도 아무 일도 없었어요.

전쟁이 일어난 지역으로도 가시나요?

네. 사무실에 앉아서는 전쟁 상황을 보도할 수 없어요. 거기에서 무슨 일이 일어나는지 직접 눈으로 봐야 해요. 그게 제 임무예요.
당연히 조심해야 하고, 혼자 다니지도 않아요. 러시아에서 우리는 보통 4명이 함께 다녔어요. 카메라맨, 조수, 커터라고 부르는 영상 편집자와 한 팀을 이루어 움직였죠. 전쟁터에서는 구체적으로 해야 할 일을 언제나 팀 단위로 결정해요. 만일 팀원 중 하나가 이런 말을 했다고 가정해 봐요.
"여기, 너무 무서워요. 취재할 엄두가 나지 않아요. 나는 가지 않겠어요." 그러면 우리 팀 전원이 가지 않아요.

무기를 소지한 경호원도 같이 다니나요?

제가 체첸 전쟁을 보도할 때는 아직 그런 사람이 없었어요. 이젠 무장 경호원들이 특파원들과 동행하는 경우가 많아요. 그 밖에 우리 기자들이 전쟁터에서 올바로 처신하는 법을 배우는 강좌가 있어요. 저도 그 강좌를 들었는데, 많은 도움이 됐어요.

그 강좌에서 구체적으로 무엇을 배우나요?

예를 들면 전쟁 지역엔 흔히 지뢰가 묻혀 있다고 해요. 지뢰는 폭탄과 비슷해요. 사람이 밟으면 터지죠. 그래서 항상 도로나 사람의 통행이 잦은 길로 다녀야 하고, 무턱대고 풀밭으로 뛰어가면 안 된다고 배웠어요. 지뢰가 묻혀 있을지도 모르니까요. 강좌에서 강사가 제게 몇 번이나 이렇게 말했어요. "안네, 당신은 수풀 속으로 뛰어들어 갔어요. 당신은 죽은 거예요." 그땐 연습이라 다행이었죠.

특파원으로 파견된 나라의 언어를 모두 할 줄 알아야 하나요?

할 줄 알면 편하죠. 저는 러시아어를 해요. 당시에는 우즈베키스탄, 우크라이나, 아제르바이잔도 저의 취재 대상국에 속했어요. 하지만 이들 나라 말을 제가 다 할 줄 아는 건 아니에요. 지금 이곳 브뤼셀에서 제가 취재하는 지역의 사람들은 룩셈부르크어, 네덜란드어, 프랑스어를 사용해요. 그중에서 제가 할 줄 아는 건 프랑스어이고 네덜란드어는 조금밖에 못해요. 물론 저를 도와 통역을 하고 이따금 인터뷰도 해 주는 동료가 있어요.

가끔 독일이 그리워질 때가 있나요?

그럼요. 가고 싶어요. 정말 희한하게도 독일 빵이 그리워요. 이곳 벨기에에는 검은색 곡물 빵이 없어요. 그래서 독일에 갈 때마다 늘 그것부터 사요. 자동차를 타고 1시간만 달리면 독일에 가니까요.

다른 나라 사람들은 우리와는 전혀 다른 것을 맛있다고 먹잖아요. 그래서 특파원들은 희한한 음식도 맛보아야 하고요. 당신이 먹어 본 것 중에 가장 색다른 것은 무엇이었나요?

러시아 특파원으로 중앙아시아에 갔을 때 수프 속에 둥둥 떠다니는 양의 눈을 먹어야 했어요. 그래서 얼른 저는 채식주의자라 고기를 먹지 않는다고 말했죠. 그리고 러시아에서는 손님에게 흔히 보드카를 대접해요. 하지만 제가 여자라, 그럴 땐 못 마신다고 말하기가 수월했어요. 러시아 사람들이 그런 건 이해해 줬어요. 하지만 남자들이 함께 술을 마시지 않으려 하면 분위기가 상당히 어색해져요. 현지인들이 이렇게 물어봐요. “왜 나랑 같이 술을 마시지 않죠? 나를 무시하나요?”

러시아에서 당신의 취재 팀에는 남자들도 있었어요. 가끔 그 사람들이 만취해서 당신이 집까지 데려다 주어야 했던 적이 있나요?

있어요. 저녁에 보드카를 아주 많이 마신 적이 있는데, 다음 날 일찍부터 일해야 했어요. 그때 카메라맨이 동료 머리에 물을 한 양동이 퍼부었어요! 그렇게 하지 않으면 그 동료는 일어나지 못했을 거예요.

왜 기자는 일어난 사건을 모두 보도하지 않고 일부만 골라서 내보낼까?

여러분은 좋아하는 쇼를 볼 생각에 하루 종일 기분이 들떠 있어요. 특별히 과자 한 봉지까지 준비한 뒤, 저녁이 되면서 느긋하게 소파에 누워 TV를 켜거나 온라인 실시간 방송을 들어요. 그런데 시그널 음악 대신 뉴스가 나오네요—북극해에서 고래가 낚싯배를 들이받았대요, 영국 여왕이 아프리카에서 살아 있는 코끼리를 선물로 받았대요, 스페인 어린이들이 세계 최대의 모래성을 쌓았대요. 아무리 기다리고 기다려도 쇼는 시작하지 않네요. 그 대신 뉴스, 뉴스, 계속 뉴스만 나와요. 만일 기자들이 어떤 뉴스는 보도하고 어떤 뉴스는 보도하지 않을지 선택하고 결정하지 않으면, 저녁 TV 방송은 이와 비슷해질 거예요. TV에서는 아마 뉴스 외에 다른 것은 나오지 않을 거예요. 그것도 일주일 내내, 24시간 쉬지 않고 뉴스만 나오겠죠.

혹시 그렇게 된다고 해도, 세계에서 일어나는 모든 일을 뉴스로 내보내는 건 불가능해요. 지구상에는 약 200개 나라가 있고, 그곳에 총 70억이 넘는 사람들이 살고 있어요. 날마다 어디선가 일어

그런데...

...영국 여왕은 정말 살아 있는 코끼리를 선물로 받은 적이 있어요. 바로 카메룬에서죠. 여왕과 남편 필립 공은 당시 결혼 25주년을 맞았어요. 그래서 카메룬 대통령은 여왕에게 아주 특별한 기쁨을 안겨 주고 싶었어요. 그는 여왕에게 은혼식 기념으로 '점보'라는 이름의 7살 난 수코끼리를 선물했어요.

퀴즈

〈타게스샤우〉 편집부에는 매일 3천여 개의 통신사 뉴스가 들어와요. 저녁 8시 뉴스를 예외적으로 영상 없이 내보내고, 아나운서가 그 3천여 개의 뉴스를 다 읽는다고 생각해 보세요.

방송 시간은 얼마나 걸릴까요?

a. 약 2시간

b. 약 5시간

c. 약 20시간

해답

정답은 c예요. 〈타게스샤우〉 아나운서는 뉴스 하나를 읽을 때마다 약 25초가 필요해요. 〈타게스샤우〉에서 서로 다른 3천여 개의 주제를 다룬다면 방송 시간은 20시간이 넘게 걸려요.

나는 새로운 일이 초록색 완두콩 한 알이라고 상상해 보세요. 그 완두콩을 모두 합하면 아마 커다란 수영장을 가득 채울 거예요. 특파원과 통신사 기자들은 독일 매체로 보낼 뉴스를 끊임없이 찾고 있어요. 하지만 세계에서 일어나는 모든 사건들 중에서 그 기자들이 알 수 있는 것은 대략 몇만 개밖에 되지 않아요. 완두콩에 빗대어 말하면 겨우 서랍 1개를 채운 정도예요. 이제 서랍 속 완두콩을 다시 분류해야 돼요. 통신사와 특파원들은 〈타게스샤우〉, 〈호이테〉, 〈RTL 악투엘〉, 〈로고!〉를 비롯한 뉴스 제공자들에게 가장 흥미로운 소식들만 보내기 때문이에요. 어쨌든 그 수는 몇천 개쯤 되겠지요. 마지막에 정말로 메인 뉴스 프로그램에서 방송되는 주제는 그중 10개 남짓에 불과해요. 다시 말하면 한 숟가락에 가득 담긴 완두콩 개수 정도예요.

뉴스 기자들은 하루의 대부분을 '중요하지 않은' 뉴스는 버리고 '제대로 된' 뉴스를 택하는 데 골몰해요. 그게 얼마나 어려운 일인지는 쉽게 짐작할 수 있어요. 예를 들어 여러분 학급에서 오늘의 뉴스를 고른다면, 학생들마다 다른 것을 제안할 거예요. 누구는 축구에 흥미를 보일 테고, 누구는 동물 보호나 아동 인권에 더 관심이 많을 거예요.

뉴스 기자들도 의견이 많이 갈려요. 의견을 쉽게 모아 시청자에게 최고의 정보를 제공하기 위해 〈타게스샤우〉, 〈호이테〉, 〈RTL 악투엘〉, 〈로고!〉 등 많은 보도 편집부에는 명확한 기본 원칙이 있어요. 어디에서나 매우 비슷할뿐더러 누구나 지키는 원칙이에요. 그래도 가끔씩 언쟁이 벌어져요.

뉴스는 어떻게 선택할까?

니나가 편집부 컴퓨터 앞에 앉아 있어요. 앞에는 모니터가 두 대 있어요. 니나는 왼쪽 모니터에 기사를 쓰는 중이에요. 오른쪽 모니터에서는 넓고 긴 테이프 위에 글자가 흐르면서 끊임없이 통신사 뉴스가 나오고 있어요. 맨 위에 있는 최신 뉴스는 다음 뉴스가 나오자마자 아래로 내려가요. 그렇게 몇 초 간격으로 계속 뉴스가 자리를 이동해요. 니나는 할 일이 많아요. 처음엔 항상 제목만 읽고, 그 다음엔 기사의 처음 몇 줄을 읽고, 이어서 그 기사가 흥미로운지를 판단해요.

그런데 누구에게 흥미롭다는 말일까요? 뉴스를 신속하게 분류하려면 편집자들은 누가 방송을 시청하는지 되도록 정확히 알아야 해요. 그건 상당히 어려운 문제예요. 예를 들어 〈타게스샤우〉는 수백만 명이 시청해요. 그중 일부는 자동차와 관련된 주제를 흥미롭게 볼 테고, 또 일부는 환경보호법에 관심이 있을 거예요. 그래도 거의 모든 〈타게스샤우〉 시청자들에겐 공통점이 하나 있어요. 바로 독일에 살고 있다는 점이죠. 〈호이테〉나 〈RTL 악투엘〉이나 〈로고!〉도 마찬가지예요.

누가 시청하는지를 되도록 정확하게 파악하고 있으면 적절한 뉴스를 선택하는 게 쉬워져요. 니나는 이런 배경 지식을 가지고 이제 여러 가지 항목을 검토해야 해요. 편집부에서는 이것을 '뉴스 가치'라고 불러요.

1. 가까운 곳에서 일어난 사건인가?

새로운 사건이 독일에서 일어났는지 또는 독일에 중요한 사건인지 아닌지를 의미해요. 예를 들어 함부르크, 베를린, 슈투트가르트에서 특정한 자동차들이 공기를 오염시키기 때문에 운행이 금지된다면, 그건 케트살테낭고, 흘란바이르푸흘귄기흘고게러훠른드로부흘흘란더실리오고고고흐, 생루이두하! 하!에서 일어난 사건보다 훨씬 많이 독일인들의 관심을 끌 거예요.

➡ 거기가 어디라고요?

케트살테낭고(Quetzaltenango)는 과테말라에 있는 도시이고, 흘란바이르푸흘귄기흘고게러훠른드로부흘흘란더실리오고고고흐(Llanfairpwllgwyngyll-gogerychwyrndrobwllllantysiliogogogoch)는 영국의 지명이에요. 생루이두하! 하!(Saint-Louis-du-Ha! Ha!)는 캐나다에 있는 마을이고요. 이곳 주민들은 독일의 도시에서 어떤 자동차들이 운행할 수 있는지에 대해서는 전혀 관심이 없을 거예요. 그래서 이 주제는 그곳에서 뉴스거리가 되지 못해요.

2. 중요한 사건인가?

그 사건에 영향을 받는 사람이 많을수록 중요한 사건이고 중요한 뉴스예요. 당장 국가에서 매달 100유로의 용돈을 아동들에게 주기로 독일 정치인들이 결정한다면, 아마 수백만 가정이 뭔가 영향을 받을 거예요.

3. 정말 새로운 사건인가?

뉴스 편집부에서는 최장 24시간 이내에 일어난 사건만을 새로운 것으로 인정해요.

4. 사실로 확인되었는가?

소문이 아니라고 확인된 뉴스는 검증이 끝난 것이에요.

'사람이 개를 물었다' 이게 무슨 어처구니없는 소리일까?

믿거나 말거나이지만, 정말 이런 일이 있었어요. 뮌헨에서 일어난 일이에요. 경찰관들이 중앙역에서 술에 취한 뱃사람을 발견하고 그에게 다가가 신분증을 보자고 했어요.

38살의 그 남자는 신분증 제시를 거부하고 경찰견이 있는 곳으로 쓰러지더니 개의 목덜미를 물었어요. 개는 입마개를 하고 있어서 뱃사람을 물 수 없었다고 해요.

5. 중요한 국가나 인물들이 관련되어 있는가?

많은 사람들에겐 영국 여왕의 나이가 90살이 되었다는 것이 여러분의 할머니가 생일을 맞았다는 것보다 중요한 일이에요. 중요한 국가라는 건 특히 힘이 센 나라를 말해요. 만일 미국 대통령이 미국은 기후 보호에 동참하지 않겠다고 결정한다면, 그건 아주 작은 나라인 투발루가 그런 결정을 내릴 때보다 중요한 사안이에요.

6. 예기치 않았거나 색다른 사건인가?

개가 사람을 물면 특별히 이상할 게 없어요. 그러나 사람이 개를 물면 상황은 전혀 달라져요.

뉴스 가치는 이 외에도 많지만 지금 이야기한 6개 항목이 무척 중요해요. 니나는 이 가운데 몇 개가 통신사 뉴스에 해당되는지 검토할 거예요. 해당되는 항목이 많을수록 뉴스가 방송에 나갈 확률이 높아져요.

'하지만 뉴스가 하루에 수천 개씩 쏟아져 들어오는데 그걸 다 어떻게 한다는 거지?' 아마 여러분은 이렇게 생각하겠죠. '들어오는 뉴스마다 일일이 테스트를 할 수도 없을 텐데!' 맞는 말이에요. 그러나 첫째, 니나는 편집국에 혼자 있지 않아요. 기자들이 다양한 주제들을 서로 나눠서 작업해요. 둘째, 통신사에서도 도움을 줘요. 통신사 기자들은 어느 뉴스에 몇 개 항목의 뉴스 가치가 해당되는지 미리 평가해요. 해당되는 항목이 많은 뉴스에는 숫자 1이나 2를 적어서 표시해요. 중요하지 않은 뉴스는 숫자 5를 받겠죠. 셋째, 뉴스 편집부 기자들은 전문가예요. 그 분야에서 오래 일할수록 뉴스를 신속하고 확실하고 올바르게 선택해요.

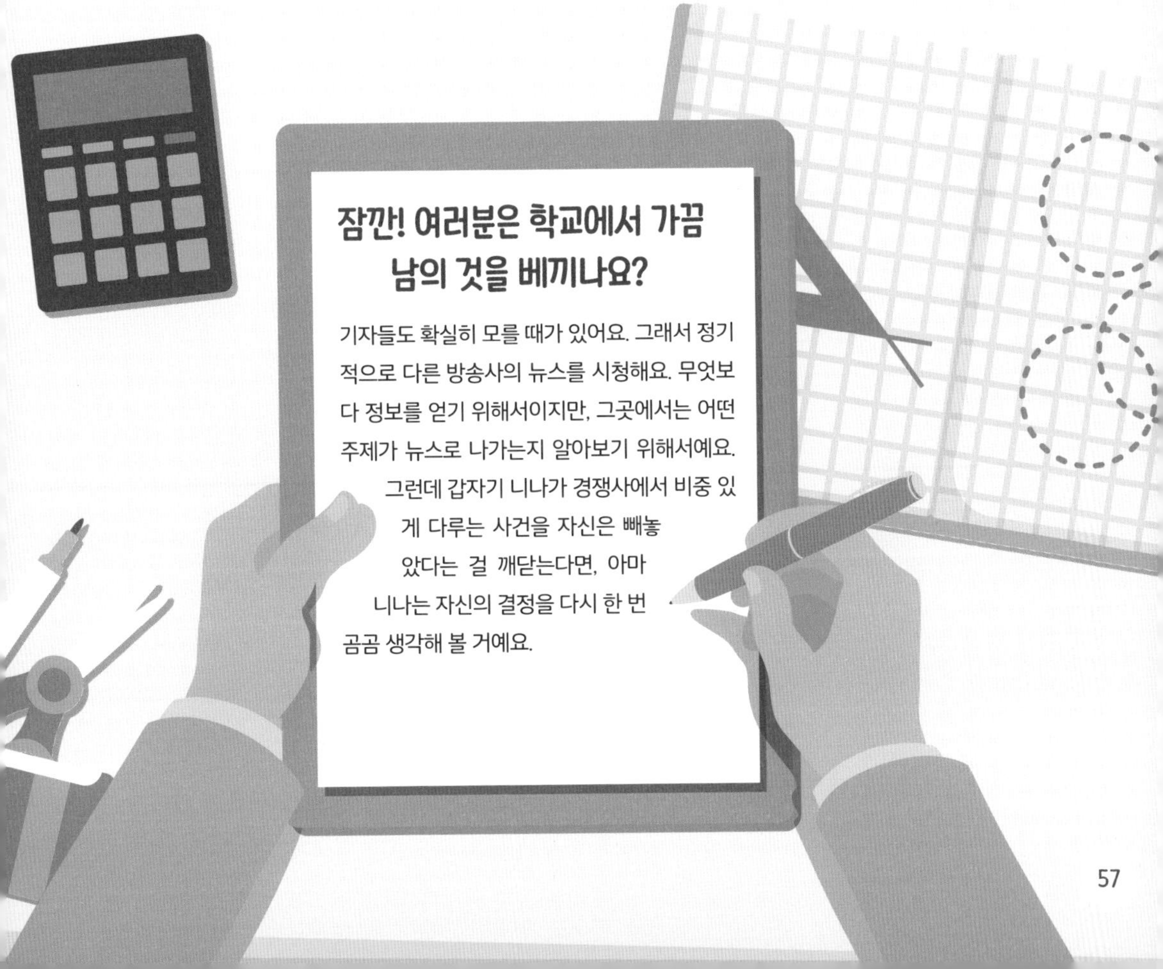

잠깐! 여러분은 학교에서 가끔 남의 것을 베끼나요?

기자들도 확실히 모를 때가 있어요. 그래서 정기적으로 다른 방송사의 뉴스를 시청해요. 무엇보다 정보를 얻기 위해서이지만, 그곳에서는 어떤 주제가 뉴스로 나가는지 알아보기 위해서예요.

그런데 갑자기 니나가 경쟁사에서 비중 있게 다루는 사건을 자신은 빼놓았다는 걸 깨닫는다면, 아마 니나는 자신의 결정을 다시 한 번 곰곰 생각해 볼 거예요.

퀴즈

어느 뉴스가 〈타게스샤우〉에서 보도될까요?

(힌트: 각 기사에 해당되는 뉴스 가치의 항목이 몇 개인지 살펴보세요.)

1. 아직 확인되지 않은 소식에 따르면 4주 전 중국의 어느 학교에서 화장실 변기가 작동하지 않았다. 이 때문에 학생들은 평소보다 2시간 일찍 하교했다고 한다.

→ 어느 뉴스 가치 항목이 해당될까요?

근접성 / 영향력 / 새로움 / 확실성 / 중요한 국가나 인물의 연관성 / 의외성이나 특이성

2. 영국 여왕이 오늘 중국의 수도 베이징에서 비상등을 켠 경찰차의 호위를 받으며 호텔로 돌아왔다. 이는 아직까지 확인되지 않은 소식이다. 여왕은 그 전에 모든 화장실 변기가 고장 난 어느 학교를 둘러보았다. 이것이 여왕의 갑작스런 호텔행의 이유였는지는 알려지지 않았다.

→ 이 뉴스에는 어느 항목이 해당될까요?

근접성 / 영향력 / 새로움 / 확실성 / 중요한 국가나 인물의 연관성 / 의외성이나 특이성

3. 오늘 독일 내 수백 군데 학교가 휴업에 들어갔다. 이 사실은 교육부가 확인해 주었다. 교내 부실 건물에 대한 항의로 1만 명의 학생과 학부모가 학교 정문 앞에 모여 연좌 농성을 벌였다. "독일의 많은 학교들이 재정 지원을 너무 적게 받고 있습니다. 그 때문에 꼭 필요한 시설마저 수리를 하지 못하고 있습니다. 한 예로 우리 학교는 화장실 변기가 몇 주 전부터 고장 났습니다." 주최 측의 한 사람이 말했다. 학생들의 시위로 대대적인 학교 휴업 사태가 발생한 건 이번이 처음이다.

→ 이 뉴스에는 어느 항목이 해당될까요?

근접성 / 영향력 / 새로움 / 확실성 / 중요한 국가나 인물의 연관성 / 의외성이나 특이성

해답

1번 뉴스에는 해당되는 뉴스 가치 항목이 하나도 없어요. 2번 뉴스에는 3개가 해당되네요. 새로움, 중요한 인물의 연관성, 그리고 여왕이 비상등을 켠 경찰차의 호위를 받으며 시내를 질주한 건 오직 화장실을 가기 위해서였다는 점에서 특이성이 해당되죠. 그럼에도 불구하고 이 뉴스는 〈타게스샤우〉에서 보도되지 못할 거예요. 반면에 3번 뉴스는 방송으로 보도되는 게 거의 확실해요. 사건 전체가 독일에서 일어났고, 1만 명의 학생들이 영향을 받고 있으며, 새로울 뿐 아니라 정부 부처로부터 확인을 받았어요. 게다가 의외성도 있어요. 지금까지 그렇게 많은 학생들이 갑자기 그런 대대적인 시위를 벌인 적이 없기 때문이에요. 따라서 이 뉴스에는 6개 항목 중에서 5개가 해당되네요.

17

만일 논쟁이 벌어진다면 어떻게 될까?

학교에서 돌아오니 배가 무척 고파요. "볼로네제 있단다!" 아버지가 주방에서 이렇게 외치네요. "아주 맛있을 거야! 엄마가 한 거랑 완전 달라!"

이 말을 듣고 여러분은 신이 났어요. 물론 소스를 접시 위에 올리기 전까지만 그랬죠. 소스에 다진 고기와 토마토뿐 아니라 당근까지 들어갔거든요! 진짜라니까요! 게다가 이 끔찍한 초록색 채소는 무엇일까요?

우스꽝스럽게 들리겠지만, 소스를 만든 여러분의 아버지와 뉴스를 편집하는 기자는 몇 가지 공통점이 있어요. 뉴스 가치는 편집 기자들에겐 일종의 요리책과 같아요. 물론 보편적인 요리책이지요. 비유적으로 말하면, 편집 기자들의 요리책에는 다진 고기, 으깬 토마토, 양파, 소금, 후추 같은 재료를 넣으라고 적혀 있어요. 그러나 그 재료를 어디에서 구해서 얼마나 많이 넣어야 하는지, 어떤 순서로 넣는지, 다른 재료를 추가하면 소스가 더 맛있어지

여러분도 지금 배가 고픈가요?

그럼 세계 최고의 볼로네제 요리법을 읽어 보고 (당근과 초록색 채소는 들어가지 않아요) 스파게티를 만들어 봐요.

재료: 방울토마토 500그램, 올리브오일 6숟가락, 발사믹 식초 3숟가락, 갈색 설탕 2숟가락(토마토가 달면 분량을 줄여도 무방함), 소금과 후추, 다진 고기 500그램.

오븐을 200도로 예열한다. 토마토를 씻어 반으로 자른다. 큰 그릇에 올리브오일, 발사믹 식초, 설탕, 소금과 후추를 넣고 토마토와 섞는다. 오븐 팬에 베이킹페이퍼를 깔고 대접의 내용물을 넣은 뒤 약 20분간 굽는다. 그동안 다진 고기를 올리브오일에 갈색이 되도록 부드럽게 볶는다. 소금과 후추로 양념한다.

오븐에서 토마토를 꺼내 으깬 뒤 고기와 섞는다. 면에 소스를 얹어 먹는다. 맛있게 드세요!

는지 등의 정보는 나와 있지 않아요.

다진 고기와 토마토를 재료로 써야 한다는 것에는 누구나 동의하겠죠. 바꿔 말하면 정말 포기할 수 없는 그날의 뉴스거리에서는, 즉 중요한 뉴스 가치가 여러 개 충족된 사건에서는 대개 기자들의 의견이 일치해요. 이건 기자들이 〈타게스샤우〉, 〈호이테〉, 〈RTL 악투엘〉, 그 밖의 다른 뉴스 편집부 등, 어디에서 일하든지 마찬가지예요. 그렇기 때문에 뉴스 프로그램은 비슷할 때가 많아요.

그러나 다른 재료가 더 들어가면 맛이 달라져요. 절대로 포기할 수 없는 주제가 결정된 뒤에는 대개 다른 뉴스들이 들어갈 자리가 남아요. 볼로네제 스파게티처럼 뉴스 프로그램도 훌륭한 방송이 되어야 해요. 가장 좋은 건 경쟁사 뉴스보다 더 훌륭해야 한다는 것이죠. 그걸 어떻게 해야 하는지를 놓고 편집부에서는 날마다 토론이 벌어져요.

예를 들어 방송에서 정확히 뉴스 하나를 더 넣을 자리가 있다고 가정해 봐요. 그런데 책상에는 2개의 흥미로운 통신사 뉴스가 와 있어요. 3천 명의 농민이 우유 가격 하락에 항의하며 트랙터를 몰고 베를린의 총리 관저로 가서 시위를 벌였다는 뉴스가 그 하나예요. 다른 하나는 같은 시각에 보건복지부 앞에서 3천 명의 조산사들이 시위를 벌였다는 뉴스예요. 앞으로 출산을 도울 때 수입이 적어지는 것에 항의했다고 하네요. 니나에게 이 문제는 간단해요. 니나는 농촌에서 성장했어요. 그래서 그곳 사람들에게 우유 가격이 얼마나 중요한지 잘 알아요. 그러나 동료 기자 빌리는 이 문제를 다르게 보고 있어요. 그는 편집부에서 건강 분야의 전문가라 조산사 뉴스를 더 중요하게 생각해요.

그럼 어떻게 해야 할까요? 뉴스 편집부에서는 이런 토론이 어쩌다 벌어지는 게 아니라 날마다,

권리를 보장하라

그것도 하나가 아니라 10여 개의 주제를 놓고 열려요. 이것이 실제 편집부의 상황이고 또 당연히 그래야 하기 때문에, 논쟁은 계획적으로 열어서 진행해요. 기자들이 모여 회의를 하는 거죠. 시각은 정확히 정해져 있어요. 저녁 8시 뉴스인 <타게스샤우>를 위해 편집부 기자들이 오전 10시 30분, 오후 1시, 오후 3시 15분, 그리고 저녁 6시에 모여요. 많은 사건이 계속 벌어지기 때문이에요. 예를 들면 아침에 전혀 예상하지 못했던 일이 오후 4시에 발생하기도 하거든요. 회의에서는 편집부 기자들이 서로 다른 여러 주제를 놓고 깊이 있게 토론해요. 바꿔 말하면, 완벽한 방송을 위해 최고의 요리법을 놓고 토론하는 거죠.

빌리와 니나는 결국 타협점을 찾아요. 조산사와 농민에 관한 뉴스를 둘 다 방송에 내보내기로 해요. 물론 긴 분량으로 자세히 다루지는 않고 짧은 보도로 끝내기로 했어요.

➔ 기자들도 사람이에요

니나는 농촌에서 자랐어요. 뿐만 아니라 부모님은 농장을 소유하고 있고 그곳에서 250마리의 소를 키우고 있어요. 빌리는 편집부에서 건강 전문가이고 아내는 지금 임신 중이에요. 아무리 니나와 빌리가 노력해도, 자신의 배경이 통신사 뉴스를 대하는 태도에 영향을 미치지 못하게 막을 수는 없어요. 사실 니나와 빌리는 가능한 한 시청자에게 중립적이고 객관적인 정보를 제공해야 해요! 회의를 많이 하는 건 이런 이유 때문이기도 해요. 뉴스 기자들이 날마다 몇 번씩 서로 의견을 교환한다면 개인적인 연관성이 큰 영향을 미칠 확률은 줄어들어요.

보 도 자 료
Aktuelles +++ Informationen +++ Nachrichten +++ Aktuelles +++ Informationen +++ Nac

OO신문

왜 어떤 나라는 뉴스에 자주 나오고 어떤 나라는 한 번도 나오지 않을까?

우간다는 〈타게스샤우〉에 별로 나오지 않아요. 미국은 자주 등장하죠. 아이슬란드는 〈RTL 악투엘〉에서 거의 비중이 없지만 이스라엘은 꽤 중요한 주제예요. 〈호이테〉에서 피지는 언급되는 경우가 없지만 프랑스는 자주 등장해요. 그러나 이들 나라에서도 선거가 실시되고, 새로운 법안이 결의되고, 재난이 발생해요. 그런데 왜 어떤 나라는 끊임없이 뉴스에 나오고, 어떤 나라는 나오지 않을까요? 그건 바로 뉴스 가치와 관련이 있어요. 그중에서 특히 '근접성'이나 '영향력'과 관계가 깊어요. 다시 말하면 해당 뉴스가 독일 사람들에게 얼마나 중요한가라는 문제예요.

가령 프랑스는 독일 바로 옆에 있는 나라예요. 두 나라 정부는 서로 긴밀히 협력하고 있으며, 양국 기업들도 서로 손잡고 사업을 하기도 하죠. 때문에 프랑스에서 선거로 새 정부가 들어서면, 독일 사람들에게는 피지에서 같은 일이 일어날 때보다 더 중요한 사건이 되는 거예요.

재난이 발생할 때도 비슷해요. 미국에서 산사태로 많이 사람이 목숨을 잃으면, 같은 일이 우간다에서 일어날 때보다 뉴스로 보도될 확률이 더 높아요. 우간다 국민이 미국 국민보다 훨씬 가난하고 어쩌면 독일의 지원이 더 절실히 필요할 텐데도 그래요. 대부분의 독일인은 미국이 더 가까운 나라라고 느껴요. 많은 사람들이 미국에 한 번쯤 휴가를 갔다 왔거나, 친구 혹은 친척이 미국에 살고 있어요. 반면에 우간다에 대해 대다수 독일인

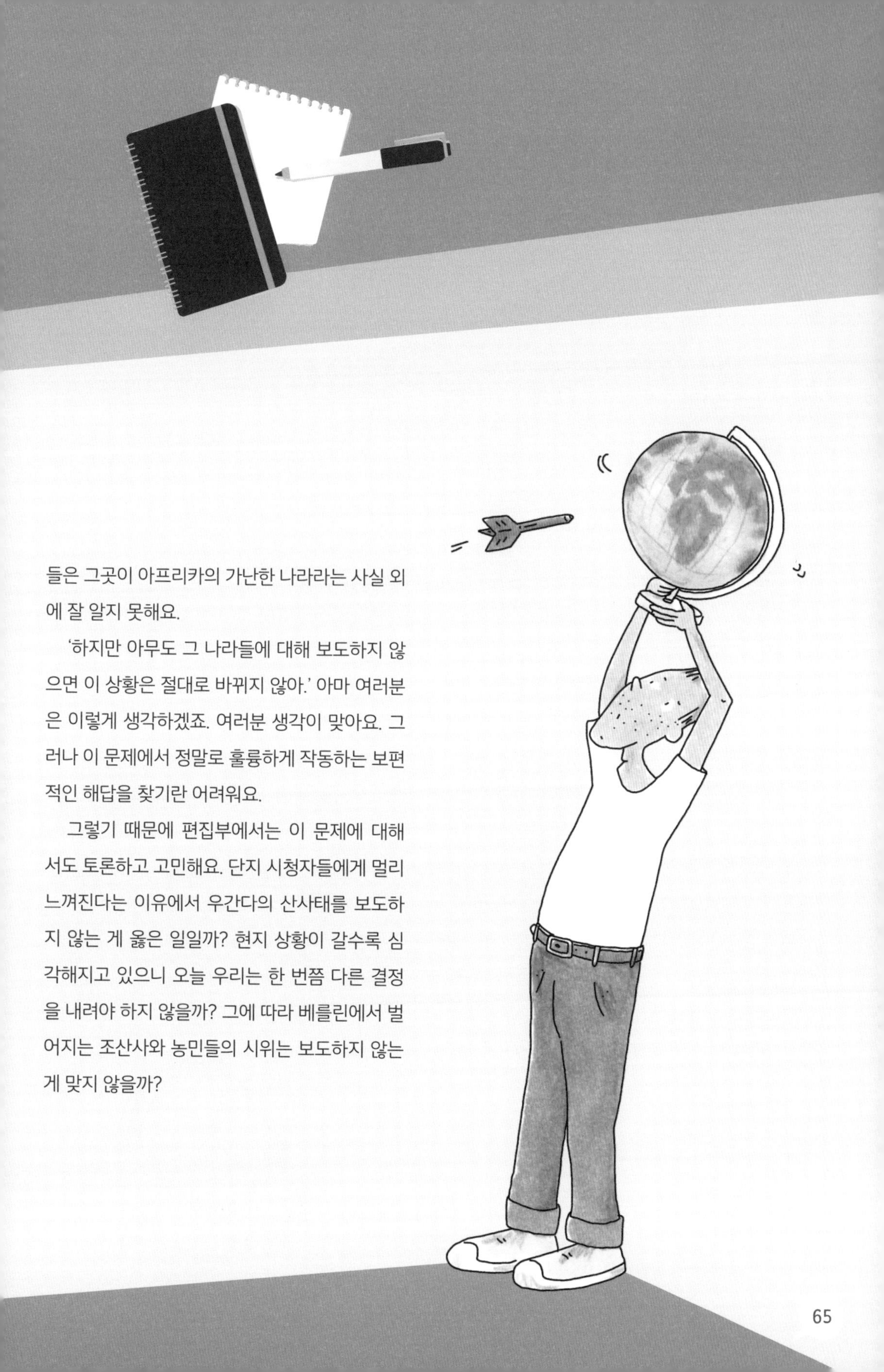

들은 그곳이 아프리카의 가난한 나라라는 사실 외에 잘 알지 못해요.

'하지만 아무도 그 나라들에 대해 보도하지 않으면 이 상황은 절대로 바뀌지 않아.' 아마 여러분은 이렇게 생각하겠죠. 여러분 생각이 맞아요. 그러나 이 문제에서 정말로 훌륭하게 작동하는 보편적인 해답을 찾기란 어려워요.

그렇기 때문에 편집부에서는 이 문제에 대해서도 토론하고 고민해요. 단지 시청자들에게 멀리 느껴진다는 이유에서 우간다의 산사태를 보도하지 않는 게 옳은 일일까? 현지 상황이 갈수록 심각해지고 있으니 오늘 우리는 한 번쯤 다른 결정을 내려야 하지 않을까? 그에 따라 베를린에서 벌어지는 조산사와 농민들의 시위는 보도하지 않는 게 맞지 않을까?

뉴스에서는 왜 아이들을 자주 볼 수 없을까?

이 세계에 100명의 사람만 산다면 그중 26명이 아이들일 거예요. 다르게 표현해 보죠. 지구상에 사는 사람 4명 중 1명은 15살 미만이에요. 사실이 이런데도 〈타게스샤우〉, 〈호이테〉, 〈RTL 악투엘〉에는 아이가 거의 등장하지 않아요. 왜 그럴까요?

대부분의 아이가 아주 평범하게 살고 있다는 게 하나의 이유예요. 아이들은 학교에 가고, 친구를 만나고, 운동하러 가요. 스웨덴 청소년 환경운동가 그레타 툰베리처럼 큰 행사를 기획하고, 정치적 구상을 발전시키고, 중요한 연설을 하는 아이는 아주 드물어요. 그러나 대통령, 총리, 장관들을 보면 그렇지 않아요. 이 사람들은 어른이에요.

〈타게스샤우〉, 〈호이테〉, 〈RTL 악투엘〉에서 아이를 언급하는 경우가 없는 이유는, 그것이 주로 어른을 위해 만든 뉴스 프로그램이기 때문이에요. 기자들은 언제나 시청자들이 특히 어디에 흥미와 관심이 있는지에 대해 고민하기 때문에 뉴스 주제도 거기에 맞춰 선택해요.

〈로고!〉는 달라요. 이 방송의 편집자들은 많은 어린이가 보고 있다는 것을 알고 있어요. 그래서 뉴스 보도에서도 아이들이 자주 등장해요. 뿐만 아니라 〈로고!〉에서는 어린이 기자가 특히 관심 있는 주제에 대해 질문해요.

말랄라 유사프자이

가끔은 아이들도 남다른 일을 해서 많은 뉴스에 등장해요. 그중의 한 사람이 파키스탄 출신의 말랄라 유사프자이예요. 파키스탄에서는 여아가 남아보다 누릴 수 있는 권리가 적어요. 학교도 남아들이 더 많이 가요. 말랄라는 이게 몹시 부당하다고 보았어요. 그래서 11살 때 이런 현실에 저항하기 시작했어요. 말랄라는 정기적으로 블로그에 글을 썼어요. 다시 말해 일기를 쓰고 그걸 누구나 인터넷에서 볼 수 있게 했어요. 파키스탄에는 탈레반이라는 테러 집단이 있어요. 탈레반은 여아와 성인 여성의 인권을 옹호하는 사람들과 맞서 싸워요. 그들은 어린아이들도 가만히 두지 않아요. 탈레반은 학교 버스를 타고 가던 말랄라를 공격해 중상을 입혔어요. 말랄라는 회복한 뒤 부모와 함께 영국으로 이주했어요. 말랄라는 계속 글을 쓰고 강연을 했어요. 여아에게 더 많은 권리를 주자고 요구했어요. 그런 용기와 활동을 인정받아 말랄라는 2014년에 노벨 평화상을 받았어요. 어느덧 말랄라는 성인이 되어 정치인이 되려 하고 있어요.

왜 주로 끔찍한 뉴스들만 보도할까?

테러 공격, 항공기 추락, 허리케인. 뉴스를 시청하다 보면 이런 것들 때문에 두려움이 생기기 쉬워요. 무서운 소식들이 끊이지 않고 보도되고 있어요. 좋은 소식은 들어갈 자리가 없는 것 같아요. 왜 그럴까요?

직접 시험해 보세요 :

얼른 보았을 때 어느 소식이 더 흥미로울 것 같나요?

a. >> 독일에서는 20분마다 어린이가 교통사고로 다친다. 모든 부모에게는 공포의 시나리오다.

b. >> 독일에서 교통사고로 다치는 어린이의 수가 갈수록 줄어들고 있다. 1950년대에는 사고로 목숨을 잃는 미성년자의 수가 지금보다 훨씬 많았다.

두 소식은 모두 사실을 보도한 것이에요. 여러분은 아마 문항 a를 골랐을 거예요. 사람들은 대부분 좋은 뉴스보다 나쁜 뉴스에 관심이 많으니까요.

그 이유를 미국의 과학자 존 카치오포가 연구했어요. 그는 사람들에게 페라리 자동차나 맛있는 피자처럼 아름다운 물건이나 음식을 찍은 사진을 보여주었어요. 그 다음엔 죽은 고양이나 다친 얼굴처럼 무시무시한 모습을 보게 했어요. 이들의 뇌파를 동시에 측정한 카치오포는 사람들이 끔찍한 모습의 사진에 더 강하게 반응한다는 것을 확인했어요.

그 이유는 우리 과거 속에 있을 거예요. 그리고 그건 우리가 조상으로부터 물려받은 유산이에요. 수백만 년 전에 인간의 삶은 지금보다 훨씬 위험했어요. 사람은 먹을 것을 사기 위해 슈퍼마켓에 갈 수 없었어요. 스스로 짐승을 사냥하거나 식물을 채집해야 했지요. 또한 숲에서 불쑥 검치호랑이가 나타나도 자신을 방어할 무기가 없었어요. 따라서 늘 최악의 상황을 예측해 대비한 사람은 재빨리 도주할 수 있었어요. 그러니 살아남을 기회도 많았겠지

퀴즈

세계에 100명의 아이들만 산다면 다음 중 어떤 답이 맞을 거라 생각하나요?

100명 중 몇 명이나 예방 접종을 받을까요?

a. 약 20명

b. 약 50명

c. 약 80명

해답

정답은 c예요. 전 세계에서 1살 아동들의 약 80퍼센트가 예방접종을 받아요. 독일에서 실시한 설문 조사에서는 질문을 받은 사람의 6퍼센트만이 답을 맞혔어요. 나머지 사람들은 예방접종을 받는 아이의 수가 훨씬 적을 거라 생각했어요. 그러니까 그들은 최악의 상황을 가정한 거죠.

요. 과학자들은 현대인의 뇌가—우리 자신은 깨닫지 못하지만—여전히 오래전 조상들의 뇌와 아주 비슷하게 작동한다고 보고 있어요. 이젠 검치호랑이 같은 건 없는데도 말이죠.

대부분의 사람처럼 기자들도 즉석에서 나쁜 소식을 더 관심 있게 보아요. 나아가 기자들은 시청자도 똑같은 생각을 하고 있어서 나쁜 소식을 더 볼 만한 뉴스로 여긴다는 걸 잘 알아요.

그러나 다른 이유도 있어요. 테러 공격, 비행기 참사, 악천후 같은 재난은 주로 예상치 못한 상황에서 급작스럽게 일어나요. 반면에 좋은 소식은 오랫동안 지속되는 과정의 결과일 때가 많아요. 예를 들어 세계보건기구의 예방접종 캠페인은 어린이를 심각한 질병으로부터 보호하는 활동이에요. 이 캠페인은 오랜 기간 설계되었으며 끝낼 계획이 없어요. 아이들은 계속 세상에 태어나니까요. 뉴스를 선택해야 하는 기자의 입장에서 보면 이런 뜻이에요. 이런 좋은 뉴스가 알려질 확률은 희박해요. 왜냐하면 통신사 기자나 특파원이 이 주제에 관심을 가질지 의문이기 때문이에요. 또 관심을 갖는다 해도 편집부에서 일하는 기자들도 그 뉴스를 흥미롭게 여겨 방송에 내보낼지도 확실하지 않거든요.

나쁜 사건은 너무 많이 보도하고, 좋은 사건은 너무 적게 보도한다고 생각하는 사람이 많아요. 이젠 이런 현실을 바꿔 보려는 매체들이 정말로 생기고 있어요. 네덜란드, 스웨덴, 덴마크, 미국, 영국, 프랑스, 독일의 일부 편집부들이 의식적으로 긍정적인 사건들도 보도하고 있어요. 오랜 기간에 걸쳐 사건을 취재하고, 가능하면 문제에 대한 해결책까지 제시하려 하고 있어요. 이런 방식의 보도를 '건설적 저널리즘'이라고 불러요. 하지만 이 보도 방식이 광범위하게 확대되지는 않을 듯해요.

뉴스를 보고 두려움이 생기면 어떻게 해야 할까?

➡ 행운아

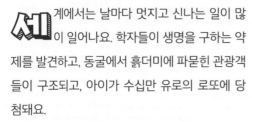

몇 년 전 독일의 바일 암 라인에 사는 12살 소년이 정말 수십만 유로의 로또에 당첨되었어요. 당첨되기까지의 사연은 더 극적이에요. 소년의 아버지가 아직 제출하지 않은 로또 용지를 발견하고 쓰레기통에 버렸어요. 아들이 그런 일에 돈을 쓰는 걸 원하지 않았거든요. 그런데 소년의 어머니가 그걸 다시 쓰레기통에서 꺼내와 아들이 표기한 것과 똑같은 숫자를 한 번 더 자신의 용지에 표기한 뒤 판매점으로 가져갔어요. 이렇게 해서 어머니와 아들은 수십만 유로의 당첨금을 타게 되었어요.

세계에서는 날마다 멋지고 신나는 일이 많이 일어나요. 학자들이 생명을 구하는 약제를 발견하고, 동굴에서 흙더미에 파묻힌 관광객들이 구조되고, 아이가 수십만 유로의 로또에 당첨돼요.

그러나 이와 동시에 잔인한 사건도 수없이 많이 발생해요. 전쟁이 터지고, 사람들이 테러로 사망하고, 건물이 지진에 무너져요. 이런 건 어른들도 매우 견디기 힘든 사건이에요. 아이들은 이런 뉴스를 보면 정말 큰 두려움을 느낄 때가 많아요. 그리고 자신이나 가족에게 그런 무서운 일이 닥칠까봐 걱정하지요. 여러분도 그런 두려움을 느낀 적이 있다면 72쪽에 적은 조언이 도움이 될 거예요.

더 자세한 정보는 다음의 인터넷 사이트에서 얻을 수 있어요

· www.blinde-kuh.de, www.frag-finn.de, www.helles-koepfchen.de
이 검색 엔진들에서는 어린이청소년이 쉽게 이해할 수 있는 결과만 보여 줘요.

· www.kiraka.de, www.logo.de, https://kinder.wdr.de/tv/neuneinhalb
이곳에서는 어린이청소년을 위해 잘 준비된 뉴스와 배경 지식을 얻을 수 있어요.

· 뉴스에 나오는 일부 단어가 이해되지 않을 때: www.hanisauland.de에는 뉴스에 등장하는 용어를 쉽게 알 수 있게 설명한 사전이 있어요.

조언 1

통계를 참고하세요. 70억 명이 넘는 전 세계 사람들 중에서 하필 여러분에게 큰 재난이 닥칠 확률은 아주 적어요. 아마 여러분은 방에 있는 의자에서 떨어져 죽을까 봐 두려워한 적은 없겠죠. 또 외출하면 벼락에 맞을까 불안해한 적도 없겠죠. 그런데 사실 테러로 죽는 사람보다는 집 안에서 일어나는 사고나 벼락에 맞아 사망하는 사람이 더 많아요.

70억은 숫자 7에 영(0)이 9개 붙어 있어요. 이것이 얼마나 큰 수인지 생각해 볼까요? 이 세계에 사는 사람들이 차례로 0.5초간 손뼉을 친다고 할 때, 70억 인구가 모두 한 번씩 다 치려면 100년 이상의 세월이 필요해요.

조언 2

뉴스를 혼자 보지 마세요. 뉴스는 어른을 위한 프로그램이에요. 그러니 부모님이나 할아버지, 할머니와 함께 시청하는 게 좋아요. 그러면 모르는 것이 나와도 금방 물어볼 수 있을뿐더러, 특정한 뉴스 때문에 걱정이 될 때 그걸 어른에게 얘기할 수 있으니까요.

조언 3

질문에 대답해 주거나 걱정을 들어 줄 어른이 옆에 없다면 인터넷에서 알아볼 수 있어요. 특별히 어린이와 청소년을 위해 만든 사이트에 들어가세요. 모든 것을 아주 자세하게 설명해 놓았을 거예요.

조언 4

어린이청소년을 위한 뉴스 프로그램에서 정보를 얻으세요. 그건 혼자서도 잘할 수 있어요. 어린이청소년 뉴스를 제작하는 편집부에서는 너무 무서운 영상은 보여 주지 않으려 애를 쓸 뿐만 아니라, 모든 걸 정확하고 자세히 설명하려고 특별히 주의를 기울여요. 혹시 여러분이 신경을 쓰고 걱정하는 일이 있을 경우를 대비해, 방송이 끝난 뒤에도 여러분의 질문에 답하는 편집부들이 많아요. 여러분은 이메일, 편지, 전화를 이용해 편집부에 한 번 더 궁금한 것을 알아볼 수 있어요. 과거에 특히 끔찍한 사건이 벌어졌을 때는 몇몇 어린이청소년 뉴스 프로그램에서 심리학자를 초대해 시청자들의 질문에 함께 대답하도록 했어요. 특정한 주제에 대해 특히 많은 질문이 들어오면 특별 방송까지 만드는 경우도 있었어요.

조언 5

적극적으로 행동하세요! 세계에서 뭔가 끔찍한 일이 벌어진다면, 아마 여러분은 희생자를 직접 돕고 싶어질 거예요. 그럼 여러분의 학급에서 기부를 계획해도 좋아요. 아니면 기부금을 모으기 위해 학급 친구들과 벼룩시장을 열 수도 있고요. 선생님과 의논하세요!

페터 클뢰펠은 오래전부터 뉴스 프로그램 〈RTL 악투엘〉을 진행하고 있어요. 아래 인터뷰에서 클뢰펠은 2001년 9월 11일에 있었던 일들을 들려줄 거예요. 그날은 그의 인생에서 가장 흥분되고 가장 긴장된 근무일 중 하나였어요. 그 밖에도 클뢰펠은 어떻게 자신이 트랙터를 탈 줄 알게 되었는지, 왜 소젖처럼 생긴 모자를 쓰고 사람들 앞에 나섰는지 이야기해 줄 거예요.

© Foto: Stefan Gregorowius

클뢰펠 씨, 다음에 나오는 2개의 문장에 적당한 말을 넣어 완성해 주세요. "내가 처음 트랙터를 몰았을 때...

... 나는 큰 기계를 무한히 존경했어요. 왜냐하면 그걸로 무엇을 할 수 있는지 알고 있었거든요. 그런데 커브 길을 돌자마자 울타리를 넘어뜨린 거예요. 하지만 괜찮았어요. 울타리를 다시 일으켜 세웠고 혼나지도 않았으니까요."

"돼지들은 심심해지면...

... 멍청한 생각을 하게 되죠. 서로 드잡이하고, 괴롭히고, 최악의 경우엔 서로 상대방을 물어뜯으면서 상처를 입히기 시작해요."

그런 걸 다 어떻게 아세요?

대학에서 농업을 전공했어요. 학창 시절에는 늘 생물, 화학, 자연에 관심이 많았고요. 그때 어디에 가면 신선한 공기를 마시고 사람과 동물과 식물과 함께 생활할 수 있을까를 생각해 봤죠. 그래서 대입 자격시험을 본 뒤 농업을 공부하기로 결심했어요.

따님은 당신이 기자가 되지 않고 농장주가 되기를 더 바랐을 수도 있지 않을까요?

그랬을지도 모르죠. 하지만 딸은 농촌 생활이 어떤 건지 몰라요. 음악 하는 걸 더 좋아해요.

기자라는 직업을 택한 걸 후회한 적이 있나요?

아니요. 물론 대학에 다닐 때는 무척 재미있게 공부했어요. 그러나 나중에 저널리즘으로 전공을 바꾼 걸 후회한 적은 없어요. 이 분야에서 매일 새로운 것을 배우니까요. 이 직업은 깜짝 선물봉지와 같아요. 저녁에 우리가 방송할 뉴스가 어떤 모습일지 그날 아침에는 아직 몰라요. 하루 동안 세상에서 무슨 일이 더 일어날지 모르기 때문이죠.

당신은 부자인가요?

돈은 잘 벌어요.

기자라는 직업에서 힘든 점은 어떤 거라고 생각하시나요?

기자는 많은 걸 조사해야 해요. 뭔가를 알아내야

하죠. 그렇게 하려고 사람들과 이야기를 나눠요. 또 사람들이 거짓말을 하지 않기를 바라죠. 사람들이 있는 그대로 사실을 말하지 않는다는 걸 깨달을 때 힘들어요. 그러면 진짜로 무엇이 진실인지 알아내기가 어려워져요.

그럴 때는 어떻게 하시나요?

포기하지 않아요. 계속 찾고, 조사하고, 다른 사람들에게 물어봐요. 포기하지 않으면 기자로서 아주 많은 것을 알아낼 수 있어요.

그동안 기자로 일하면서 가장 스트레스가 많았던 날의 하나가 2001년 9월 11일이라고 들었어요. 그때 아주 끔찍한 일이 벌어졌잖아요. 테러리스트들이 미국에서 비행기를 납치해 일부러 고층 건물을 향해 돌진했어요. 많은 사람이 사망했고요. 당신은 그날 비행기를 타고 독일에 도착했어요.

캄보디아에서 르포를 촬영한 뒤 밤새 비행기를 타고 돌아왔어요. 우리가 탄 비행기는 9월 11일 오전 6시에 독일에 착륙했어요. 저는 집에 가서 누워 있으려 했죠. 하지만 잠이 오지 않아서 '그럼 그냥 사무실에 나가야겠네.' 하고 생각했죠.

그 다음에 무슨 일이 일어났나요?

그날의 시작은 아주 평범했어요. 책상에 앉아 뉴스를 분류하고, 이것저것 조사하고, 전화를 걸었어요. 오후 2시 45분에 편집 기자가 갑자기 소리를 질렀어요. "CNN 방송 틀어 보세요! 저게 대체 무슨 영상이죠?"

편집부에는 많은 모니터가 달려 있어요. 그걸로 여러 TV 프로그램을 볼 수 있죠. 미국의 뉴스 전문 방송인 CNN에서 세계무역센터 빌딩을 찍은 영상이 나오는 거예요. 건물에서 연기가 치솟았어요. 우리는 모두 그 앞에 서서 화면을 보며 말했어요. "저 위에서 불이 나다니 이상하네! 창문에 구멍이 난 것 같아!" 몇 분 뒤에 첫 보도가 나왔어요. 비행기가 건물로 돌진한 것 같다는 내용이었죠! 그때가 2시 50분이었어요. 우리는 지금 당장 뉴스를 내보내야 한다고 결정했죠.

스튜디오로 달려가셨나요?

우선 메이크업 담당자에게 갔어요. 그곳에도 TV 수상기가 있어요. 의자에 앉아 재빨리 메이크업을 받는 동안, 두 번째 비행기가 다른 쪽 건물로 날아가는 게 보였어요. 그 찰나의 순간에 첫 번째 비행기의 경우는 사고가 아니라 누가 고의로 저지른 일이라는 걸 확실히 알았어요.

그때 방송 시작까지 약 30초가량의 여유가 있었어요. 아래에 있는 스튜디오로 달려 내려갔죠. 몇 분 뒤 우리는 방송으로 나가던 프로그램을 중단시키고 뉴욕에서 발생한 사건을 보도하기 시작했어요.

보통 뉴스 진행자들은 말할 내용을 미리 적어 두었다가 방송에서 텔레프롬프터를 보며 읽잖아요. 그때는 그럴 시간이 없었겠군요!

그럴 때는 이런 식으로 해요. 제 바로 앞에 모니터가 한 대 있어요. 거기에서 제가 보는 영상은 그 순간에 시청자들도 보고 있는 영상이에요. 그 당시 저는 무슨 일이 일어나고 있는지를 즉석에서 묘사했어요. 그리고 시청자들이 눈으로 직접 볼 수 없는 상황을 설명했어요.
저는 몇 년을 뉴욕에서 살아서 세계무역센터와 도시 전체를 잘 알아요. 뿐만 아니라 항공 교통이 어떻게 기능하는지도 대강 알아요. 비행기는 보통 어떤 장치를 갖추었는지, 몇 명의 승객이 탈 수 있는지도 알아요. 제가 방송했던 스튜디오에는 TV가 한 대 더 있었어요. 거기에서 미국 뉴스 프로그램이 나왔어요. 물론 소리는 안 나왔지만, 언제나 중요한 소식을 적은 자막을 보여 주었죠. 그때 제가 알고 있는 것과 머리에 떠오른 것들을 모두 이야기했어요.

굉장히 흥미진진하게 들려요! TV에 나올 때는 왜 항상 귀에 이어폰을 꽂고 있나요?
귀에 꽂는 이 작은 물건은 연출실에 있는 마이크와 연결되어 있어요. 거기엔 편집부장이 앉아 있는데, 방송이 나가는 동안 제게 메시지를 전달해요. 시청자들한테는 들리지 않죠. 9월 11일에도 편집부장은 주로 방송을 어떤 식으로 진행할 건지를 얘기했어요. 그런데 그건 저도 잘 모르겠더라고요! 예를 들면 이런 식이에요. "곧 그 근처를 찍은 새 영상이 나와요!" "이제 특파원과 인터뷰 하세요!" "다음 보도는 영어로 나와요. 당신이 번역해 주세요."

TV에 나올 때는 그런 정신없는 상황에서도 침착하게 보여야 하잖아요. 그건 힘든 일인가요?
쉽지는 않았어요. 그 전에 저는 비교적 방송 시간이 긴 생방송을 맡아서 진행했어요. 그래서 뒤에서는, 다시 말해 편집부와 연출실에서는, 어마어마하게 정신없다는 걸 알아요. 특히 그날은 말도 못하게 심했죠. 그러나 저는 사람들의 비명소리도 듣지 못했고, 분주하게 뛰어다니고 우왕좌왕하는 모습도 보지 못했어요. 그 순간에는 제가 해야 하는 일에만 집중했어요. 그건 다시 말하면 침착함을 잃지 않는 것이에요. 그리고 무슨 일이 일어났는지를 사람들에게 가능한 한 쉽게 설명하는 것이에요.

그날 방송 시간은 어느 정도나 됐나요?
7시간 30분 동안 방송했어요.

방송 중간에 뭘 먹어도 되나요? 화장실에 가도 되나요?
누가 빵을 가져다주었어요. 제 모습이 잠깐 화면에 보이지 않을 때, 그리고 특파원의 보도 영상이 나가기 때문에 제가 말을 할 필요가 없을 때, 그때 조금씩 먹었어요. 한번은 4분인가 5분짜리 보도가 나갔어요. 그때 얼른 화장실로 달려갔죠.

그날의 충격에서 어떻게 벗어나셨어요?

그날은 밤 10시 30분경에 방송이 끝났어요. 저는 11시 30분까지 편집부에 있다가 집에 갔어요. 너무 피곤해서 가자마자 바로 잠자리에 들었죠. 다음 날 아침 7시까지 잔 뒤에 딸을 학교에 데려다 주고 다시 사무실로 나왔어요.

그날 일어난 일에 대해 따님과 이야기를 했나요?
아내가 미국인인데, 당연한 일이지만 그날 9월 11일에 집에서 하루 종일 뉴스를 보았어요. 딸은 그때 겨우 5살이었지만, 뭔가 나쁜 일이 일어났다는 걸 알았어요. 저곳에서 사람들이 다른 사람들에게 끔찍한 짓을 저질렀다고 우리가 말해 주었죠. 딸은 그 이상은 알려고 하지 않더군요.

취미가 있나요? 아니면 늘 뉴스만 하시나요?
테니스를 좋아해요. 조깅도 하고 골프도 해요. 골프는 아주 재미있어요. 집에 있을 때는 책을 많이 읽고 요리도 해요. 케이크를 좋아해요.

옛날에도 취미를 갖고 계셨죠. 돼지를 수집하셨잖아요.
그건 아주 오래전 일이에요. 대학에서 농업을 공부할 때 돼지를 열심히 연구했어요. 그랬더니 누가 도자기로 만든 돼지를 선물하더라고요. 그 다음엔 돼지 모양의 소금 통을 선물로 받았어요. 그렇게 하다 보니 돼지가 점점 늘어났어요. 제가 직접 산 것도 몇 개 있고요. 결국엔 집에 돼지가 120마리가 됐어요. 공익을 위해 나중에 그것들을 경매에 내놓았어요.

그래도 농업에 여전히 조금쯤 미련을 갖고 있지 않으신가요? 언젠가 암소로 분장하신 적이 있죠.
맞아요. 카니발 행사에서 훈장을 받으려고 했어요. 원래는 정장을 입고 가려 했는데 아내가 그러더군요. “그건 안 돼요! 변장을 하고 가야지!” 그래서 암소 옷을 샀어요. 거기다 모자까지. 꼭 소젖처럼 생긴 모자였어요! 그걸 입고 훈장을 받으려고 우스꽝스런 연설까지 했어요. 결국 훈장을 받았죠.

부인이 거기에 대해 뭐라고 썼는지 아세요?
아니요.

“남편은 농업 전시회에서 상을 탄 예쁜 암소 같았어요.”
맞아요! 거기에 훈장이랑 온갖 장식까지 치렁치렁 달았죠.

황색 언론이란 무엇일까?

아버지들은 모자를 쓰고 다녔고 어머니들은 긴 치마를 입었어요. 아이들은 오후가 되면 그냥 뜰에서 놀았어요. 아이들이 어디에 가는지 아무도 신경 쓰지 않았어요. 길거리에 배걸이 좌판 행상이 나타나면 아이들이 우르르 몰려들었어요. 구식 자동차가 지나가면 훌쩍 뛰어서 안전한 곳으로 피해야 했어요. 보리수나무가 늘어선 거리에는 진짜 궁성이 있었어요. 진짜 황제가 그곳에서 살면서 독일을 다스렸지요. 지금은 상상하기 힘들지만, 겨우 100년 전 베를린의 모습이 이와 비슷했어요.

그때는 TV, 휴대폰, 컴퓨터가 아직 발명되지 않았어요. 세상에서 무슨 일이 벌어지는지 알고 싶으면 신문을 사서 봐야 했어요. 신문은 독일 수도 베를린의 대로변과 가로수 길 등, 없는 곳이 거의 없었어요. 그곳에서는 날마다 신문팔이 소년이 서서 머리 위로 신문을 흔들며 그날의 톱뉴스를 세상에 대고 외쳤어요. 흥미진진한 기사를 목청껏 소리 내어 광고하거나, 그런 기사가 1면에 실리면 당연히 가장 많이 팔렸어요. 그건 사람들의 흥미를 강렬하게 유발하거나 자극적이거나 배꼽을 잡고 웃게 만드는 뉴스들이었죠. 요즘도 일부 신문과 온라인 신문, TV와 라디오 방송은 일부러 그런 오락성 뉴스들을 찾아내서 보도해요. 이런 것을 일컬어 '황색 언론'이라고 해요.

퀴즈

여러분이 황색 언론 기자라고 생각해 보세요.

다음 중 어떤 뉴스를 보도할 것 같은가요?

(전부 실제로 일어났던 일이에요!)

a. 위장 장애가 있는 그레이트데인이라니, 그다지 흥미롭게 들리지는 않는다. 미국 오리건 주의 한 수의사는 방사선 사진을 판독하며 제 눈을 의심했다. 몸집이 거대한 개가 43개 반만큼의 양말을 삼킨 것이다. 수술진은 3시간이 넘는 수술 끝에 위장에 들어 있던 양말을 모두 제거하는 데 성공했다. 현재 개는 다시 발랄한 일상으로 돌아왔다.

b. 수년에 걸친 협상 끝에 독일연방의회와 독일연방상원의회는 상속세 개혁안에 합의했다. 기업 상속인은 계속 기업을 경영하고 일자리를 없애지 않는 한 앞으로도 상속세를 낼 필요가 없게 된다.

c. 오펜부르크 경찰관들을 적잖이 놀라게 한 사건이 발생했다. 한밤중에 요구르트 통 1개가 경찰관들 쪽으로 꿈틀꿈틀 다가왔다. 자세히 들여다보고 나서야 무슨 영문인지 알 수 있었다. 아기 고슴도치가 요구르트를 먹다 머리가 통에 끼인 것이었다. 경찰관들은 요구르트를 좋아하는 아기 고슴도치의 머리에서 고집불통의 모자를 벗긴 뒤 고슴도치를 보내 주었다.

해답

황색 언론의 기자는 아마 뉴스 a와 c를 선택할 거예요. 그 두 기사가 특히 색다르고 이야깃거리를 제공하기 때문이에요. 다르게 말해 보죠. 오늘날에도 신문팔이 소년이 있다면 아마 이렇게 소리칠 거예요. "그레이트데인의 위장에서 굉장한 게 나왔어요!" "고슴도치가 요구르트 통에서 발견됐어요!" 그러면 신문을 사려는 사람들로 당장 북새통을 이루겠죠. 반면 옆에서 목이 쉬도록 "상속세 법안 통과!"를 외치는 불쌍한 신문팔이 소년은 아마 주린 배를 움켜쥐고 잠자리에 들겠죠.

황색 언론에 종사하는 기자는 기사를 쓸 때 진지한 뉴스를 담당하는 기자와는 완전히 다른 식으로 표현해요. 황색 언론 기자들은 대부분 아주 짧은 문장만 사용하고 복잡한 용어는 거의 쓰지 않아요. 독일에서 가장 유명한 황색 신문인 《빌트》에는 모든 문장의 절반 정도가 많아야 네 단어로 구성되어 있어요.

《빌트》 편집부에서는 독자의 눈에 금방 띄고 호기심을 자극하는 헤드라인을 뽑아요. 그런데 그 뒤에 숨어 있는 진짜 이야기들은 생각보다 흥미롭지도 않고 가끔은 사실이 아닐 때도 있어요. '중국에서 외계인 공포를 일으킨 원숭이'도 그런 헤드라인의 하나였어요. 제목만 읽으면 원숭이가 외계인을 발견하면서 중국 전체가 공포에 휩싸였다고 생각할 거예요. 그러나 사실은 아사 직전에 처한 원숭이가 오이를 훔쳐 먹은 것이었어요. 몸집이 너무 앙상해 마을 주민이 처음엔 외계인이라고 생각한 것이죠.

TV에서 인기 있는 황색 프로그램은 ARD에서 방송하는 〈브리잔트〉, ZDF의 〈로이테 호이테〉, RTL의 〈엑스플로시브〉예요. 이들 방송에서 주로 보도하는 뉴스는 특별히 중요하지는 않아도 많은 시청자들이 열렬히 흥미를 보이는 것들이에요.

그렇다면 뉴스를 다루는 이 책에서 왜 이런 것을 소개할까요? 이유는 간단해요. 〈타게스샤우〉, 〈호이테〉, 〈RTL 악투엘〉 같은 뉴스를 보면, 자극적인 주제도 언제나 일정한 비중을 차지해요. 물론 그 주제를 다루는 빈도는 프로그램마다 달라요. 모든 뉴스 프로그램이 정확히 100분간 방송된다면, 〈타게스샤우〉에서는 겨우 2분 남짓 자극적인 뉴스를 보도할 거예요. 〈호이테〉에서는 4분쯤 되겠죠. 단연 1위는 〈RTL 악투엘〉이에요. 방송 시간 100분 중에서 약 13분가량, 재미는 있지만 중요하지 않은 사건들을 다룰 거예요.

그레이트데인이 43개 반만큼의 양말을 삼킨다면, 이 소식은 아마 〈RTL 악투엘〉에서 보도하겠

죠. 날씨 예보가 나가기 전, 마지막 뉴스로 다룰 가능성이 커요. 편집부에서는 날마다 방송이 끝날 때 한 번 더 시청자들에게 즐거움을 선사하려고 노력해요. 그러면 시청자들은 느긋하게 남은 저녁 시간을 보낼 수 있으니까요.

〈타게스샤우〉에서는 개가 양말을 삼켰다는 소식을 전하지 않을 거예요. "우리는 오락성 방송을 하지 않아요." 다년간 〈타게스샤우〉의 책임자였던 카이 그니프케가 인터뷰에서 한 말이에요. 그렇다고 편집부가 자극적인 소재를 완전히 외면하는 건 아니에요. 〈타게스샤우〉 시청자들도 다음 날 점심시간에 다른 사람들이 나누는 대화를 알아들어야 하니까요. 이건 그니프케 씨의 말이에요.

요약해 보아요. 황색 언론에서 다루는 주제는 공영 방송의 뉴스 프로그램에는 아주 예외적인 경우에만 등장해요. 반면 민영방송에서는 비교적 자주 나와요.

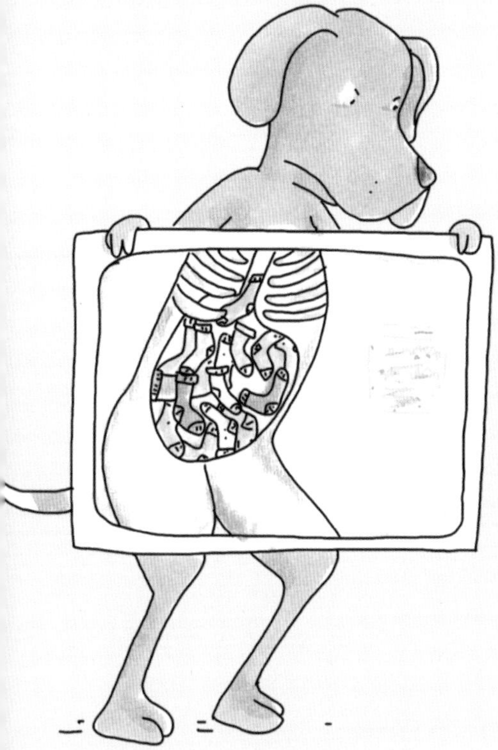

퀴즈

잠깐, 문제가 어마어마하게 어려워요!

(지금까지 나온 모든 내용을 정확하게 읽고 전문가가 된 사람만 풀 수 있어요.)

〈RTL 악투엘〉은 자극적인 주제를 자주 보도하지만 〈타게스샤우〉는 그런 일이 드물어요.

앞에서 소개한 이유들 외에 또 어떤 이유가 있을까요?

a. 선물을 받으려고. 뉴스에 가수나 배우에 관한 재미있고 유쾌한 소식이 나오면, 얼마 후 매니저가 초콜릿, 반짝이 의상, 가수나 배우의 서명이 들어간 카드를 상자에 담아 방송국 편집자들에게 보낸다.

b. 돈 때문에. 프로그램이 유쾌하고 즐거울수록 많은 사람들이 시청한다. 그 프로그램을 보는 시청자가 많을수록 방송 시작 전과 종료 후, 그리고 방송 중간에 들어가는 광고비가 비싸진다. 방송국은 유쾌한 소식을 프로그램에 넣을수록 돈을 많이 번다.

c. 웃음 금지 때문에. 공영 라디오의 편집자 계약서에는 웃을 땐 지하실로 가야 한다는 문구가 적혀 있다. 그래서 편집자들은 거의 매번 진지한 주제들만 고른다.

해답

정답은 당연히 b예요. a와 c는 지어낸 말이에요. 다시 한 번 30쪽으로 돌아가 공영방송과 민영방송을 설명한 대목을 읽어 보세요. 〈타게스샤우〉는 ARD, 즉 공영방송에서 내보내는 프로그램이에요. 그렇기 때문에 독일에서 각 세대가 내야 하는 방송 수신료에서 자동으로 돈을 받아요. 그러나 〈RTL 악투엘〉은 민영방송에서 만드는 프로그램이에요. 민영방송사는 광고를 하는 기업으로부터 대부분의 돈을 받아요. 방송을 보는 사람이 많을수록 방송사도 많은 돈을 요구할 수 있어요.

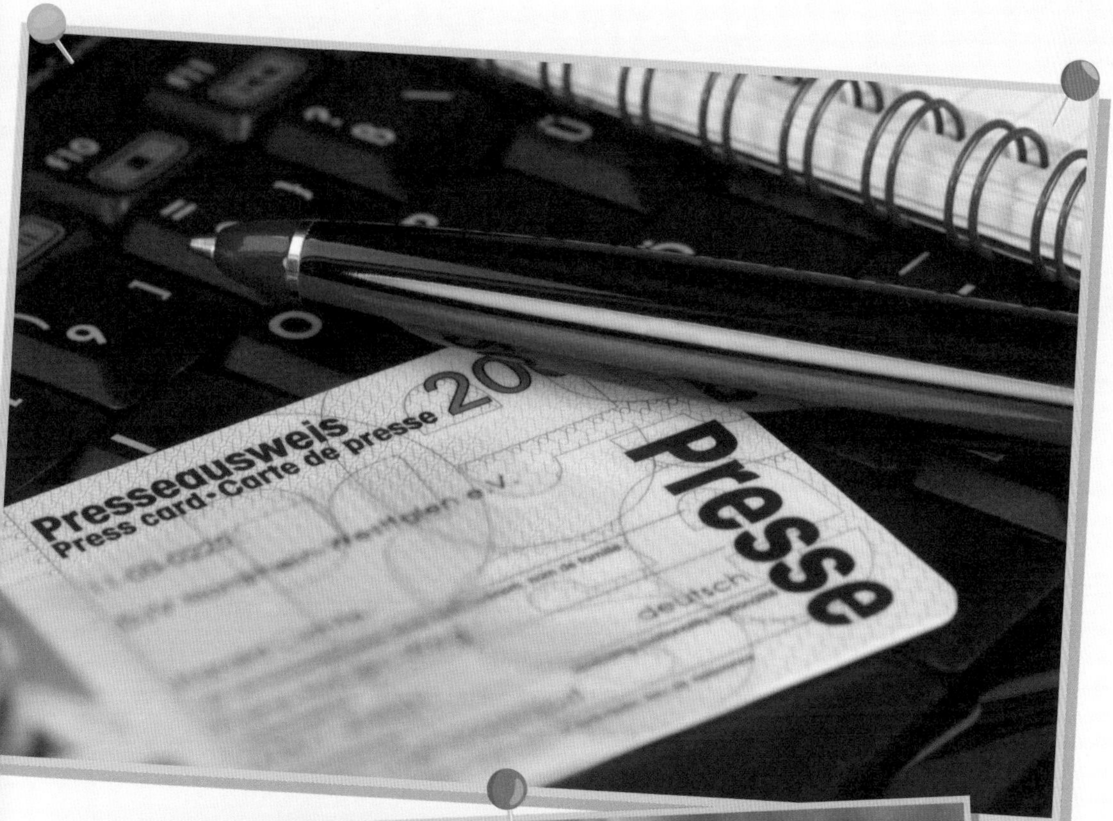
Presseausweis
Press card-Carte de presse
20
Presse
deutsch

뉴스에서 보여 주지 않는 영상들이 있을까?

〈타게스샤우〉와 〈호이테〉, 〈RTL 악투엘〉 그리고 〈로고!〉. 이 네 방송에는 많은 차이점이 있지만 공통점도 있어요. 바로 뉴스를 전달하는 진행자나 아나운서가 있다는 것, 그리고 시청자가 뉴스를 한 번 더 눈으로 확인할 수 있는 영상이 나온다는 것이에요.

예를 들어 저녁 8시에 방송되는 〈타게스샤우〉에는 총 10개가량의 서로 다른 주제가 등장해요. 그중 5개의 주제에서는 영상도 함께 보여 줘요. 만일 세계 어딘가에서 지진이 일어나면, 각기 다른 방송사 보도국의 특파원들이 현지로 달려가 그곳에서 직접 사진을 찍어요. 카메라맨은 현장 모습을 촬영한 뒤 영상을 편집부로 보내요. 어쩌면 앞에서 소개한 니나에게 보내겠지요.

'아주 간단하군.' 이렇게 생각할 수도 있어요. 그러나 여기에서도 보기와는 다르게 모든 것이 너무 복잡해요. 특파원은 단순히 자료만 완벽히 수집해서 편집부로 보내는 게 아니에요. 방송에서 보여 줄 장면과 빼야 할 장면을 꼼꼼하게 선택하지요. 니나는 보내온 자료들을 한 번 더 점검하고, 혹시 특파원이 실수하지 않았는지, 영상을 '제대로' 골랐는지를 확인해요.

그렇다면 TV와 온라인 뉴스에서는 어떤 영상을 보여줄까요? 또 어떤 영상은 절대로 보여주면 안 될까요? "그게 끊임없이 고민하는 문제입니다." 〈타게스샤우〉 영상 편집자로 일했던 카를 하인츠 뮌효의 말이에요. "무엇을 보여 주어야 할까? 시청자가 충격 받지 않는 영상을 보여 줄 수 있을까?" 다르게 말해 보죠. 여러분이 소파에 앉아 방송을 시청할 때는 지진으로 무엇이 파괴되었는지를 영상을 보며 가능한 한 정확하게 파악할 수 있어요. 그러나 그 영상이 시청자를 당혹스럽게 만들고 불안감을 주어서는 안 돼요.

이 문제에서는 명확한 원칙이 있어요. 〈타게스샤우〉, 〈호이테〉, 〈RTL 악투엘〉, 〈로고!〉 모두 비슷하게 지키는 원칙이에요.

퀴즈

〈타게스샤우〉는 어떤 영상을 선택했을까요?

근동 지방에는 아주 오래전부터 이스라엘과 팔레스타인 간에 폭력 사태가 있어 왔어요. 얼마 전 카메라 팀은 팔레스타인 사람들이 이스라엘 군인들을 돌로 공격하는 모습을 영상으로 찍었어요. 이스라엘 군인들은 총으로 맞대응했어요. 총알 하나가 16살 소년의 가슴에 맞았어요. 소년은 곧 사망했어요. 이 사건은 〈타게스샤우〉도 보도했어요. 여러분은 어느 장면이 저녁 8시 뉴스에 나왔을 거라고 생각하나요?

a. 〈타게스샤우〉에서는 소년이 돌을 던지는 모습을 보여 준다. 곧이어 군인들이 총을 쏘는 장면이 뒤따른다. 그러나 16살 소년이 총을 맞고 사망하는 장면은 나오지 않는다.

b. 〈타게스샤우〉에서는 소년이 돌을 던지는 모습을 보여 준다. 곧이어 군인들이 총을 쏘는 장면이 뒤따른다. 16살 소년이 총을 맞고 사망하는 장면이 나온다.

해답

정답은 a예요. 기자들은 소년이 가슴에 총을 맞는 장면을 일부러 내보내지 않았어요. 나중에 편집부에서는 이런 설명을 들려주었어요—"그건 불필요한 폭력 묘사처럼 보였거든요. 그 장면이 없어도 사건을 명확하고 완벽하게 보도할 수 있었어요". 따라서 아나운서는 뉴스에서 소년이 사망했다는 소식을 전했지만 해당 장면은 보여 주지 않았어요.

1. 보도 영상에는 현재 심각한 상황에 처해 있는 사람들이 가끔 등장해요. 카메라맨은 보통 그 사람들에게 TV 화면에 나오겠느냐고 물을 수가 없어요. 그래서 기자는 만일 그 순간 자신이 영상에 찍힌다면 기분이 어떨지를 생각해요. 달리 표현하면, 기자는 영상에 나오는 사람들의 존엄이 훼손되어서는 안 된다는 것을 명심하고 영상을 선택해요.

2. 편집부에서는 사망자의 모습을 근접 촬영해서 보여 주지 않아요. 카메라맨은 거리를 두고 촬영하고, 사망자를 구체적으로 세세하게 묘사하지 않는다는 뜻이에요. 또한 사람들이 서로 잔인한 폭력을 쓰는 장면이나 죽어 가는 장면은 선택하지 않아요. 여기에 더해 〈로고!〉는 특히 오해의 여지가 있는 영상은 보여 주지 않으려고 각별히 주의해요. 예를 들어 아이들은 물웅덩이를 보고 갑자기 그게 사람의 피라고 생각할 수도 있거든요.

뉴스 기자들에겐 영상을 고르는 원칙이 있어요. 원칙이 문제없이 작동하고 모두가 금방 동의하는 영상들은 많아요. 하지만 오랜 경험에도 불구하고 어떤 영상을 보여 주고, 어떤 영상은 보여 주면 안 되는지 뉴스 기자들도 확실히 모르는 경우가 생겨요. 그러면 뉴스 주제를 고를 때처럼 서로 토론하고, 가능하면 좋은 해결책을 찾으려고 노력해요. 하지만 아무리 애를 써도 나중에, '우리가 잘못된 결정을 내렸어.' 하고 생각할 때가 있어요.

니나와 빌리는 오늘 편집 회의를 할 때 시리아에서 보내온 영상을 놓고 논쟁을 벌였어요. 어느 장면에서 간호사가 아기를 카메라 앞에 대고 있었는데, 건강 상태가 좋지 않을뿐더러 곧 사망할 것 같은 아기였어요. 빌리는 그 장면을 뉴스에 내보내려고 해요. 내전이 벌어진 나라에서 사람들의 상황이 얼마나 심각한지를 시청자가 아는 게 중요하다고 보기 때문이죠. 니나는 반대해요. 그 장면에서 '어린 소녀'의 존엄이 지켜지지 않는다고 생각하거든요. 만일 '소녀'가 말을 할 줄 안다면, 아마 자신의 그런 모습은 보여 주고 싶지 않다고 했을 거예요.

ARD의 뉴스 프로그램 〈타게스테멘〉에서도 비슷한 경우가 있었어요. 결국 편집부에서는 아기를 영상에서 보여 주기로 결정했어요. 그러나 나중에 몇몇 기자들은 그게 과연 옳은 일이었는지 확신하지 못했어요. 당시 ARD 악투엘*의 최고 책임자였던 카이 그니프케는 그 영상이 너무 잔인했다는 걸 나중에 확실히 깨달았다고 해요. 그래서 지금이라면 다른 결정을 내릴 거라고 했어요.

요약하면 이렇게 말할 수 있어요. 니나와 빌리를 비롯한 뉴스 기자들은 올바른 영상을 고르고, 그렇지 않은 영상을 걸러내기 위해 큰 노력을 기울여요. 원칙, 동료 기자들과의 토론, 그간 쌓아 온 경험들이 많은 도움이 되지요. 완벽한 해답은 없을 때가 많아요.

* 공영방송 ARD의 중앙 TV 뉴스 편집국. 〈타게스샤우〉, 〈타게스테멘〉, 〈나흐트마가진〉 등을 제작해요.

➡ 시청자는 이 문제를 어떻게 생각할까?

독일인의 70퍼센트는 뉴스 편집부가 충격적인 영상은 내보내지 말고, 영상을 선택할 때는 원칙에 따라 정확히 하기를 원해요. ('70퍼센트'란 이런 의미예요: 독일 인구가 8천만 명이 아니라 100명이라고 가정하면, 그 100명 중 70명이 그러기를 바란다는 뜻이에요.) 단지 28퍼센트만이 뉴스에서 더 충격적인 사진이나 영상을 보여 주어야 한다고 생각하고 있어요.

카이 그니프케는 TV에 거의 나오지 않아요. 그러나 수년간 〈타게스샤우〉를 지휘한 가장 중요한 인물 중 하나, 즉 보도국장이었어요. 지금은 남서독일방송(SWR)의 총책임자예요. 어렸을 때는 아이들과 많이 싸웠고 수학은 거의 꼴찌였어요. 이 인터뷰에서 그니프케는 이 문제들을 어떻게 해결했는지, 〈타게스샤우〉의 보도국장은 모든 걸 혼자 결정해도 되는지, 그 당시 어떤 실수를 저질렀는지를 얘기해 줄 거예요.

© Foto: NDR/Thorsten Jander

매일 저녁 8시만 되면 TV에서 〈타게스샤우〉가 시작해요. 그니프케 씨가 어렸을 때부터 방송된 뉴스지요. 그때에도 방송이 나오는 동안 소파에서 껑충껑충 뛰어도 괜찮았나요?

절대로 안 됐어요! 부모님은 매일 저녁 〈타게스샤우〉를 시청할 때면 내용 하나하나를 정확히 듣고 싶어 하셨어요. 저는 함께 보아도 좋다는 허락을 받았지만 무조건 조용히 있어야 했어요. 뉴스가 8시 15분에 끝나도 한마디도 하지 못했어요. 〈타게스샤우〉가 끝나자마자 곧장 자러 가야 했으니까요. 그래서 조금이라도 깨어 있으려고 쥐 죽은 듯이 있었어요. 그래도 소용은 없었지만요.

어렸을 적에 '이 다음에 크면 방송 책임자가 될 거야' 라고 생각하셨나요?

아니요. 전혀 그렇지 않았어요. 그때는 아마 선장이 되려고 했을 거예요.

작은 마을에서 자라셨다고 들었어요. 그곳에서 다른 아이들과 어울리는 게 쉽지 않았나요?

맞아요. 거기서 사는 내내 힘들었어요. 우리 가족은 그 마을로 이사한 뒤 변두리에서 살았어요. 게다가 그곳의 대다수 가정들처럼 우리는 종교도 없었어요. 다른 아이들이 저를 무시하지 않고 받아주기까지는 몇 년이 걸렸죠.

그걸 어떻게 이겨내셨어요?

좋은 친구의 도움 덕분이에요. 10살 때 학교에서 사귄 친구인데 저를 많이 도와줬어요. 저를 위해 다른 아이들을 때려 줬어요. 그래서 처음엔 마을에서 아무도 그 아이와 말을 하지 않았어요. 그러다 언젠가 기진맥진할 때까지 서로 싸우다가 다른 아이들이 더는 우리를 못살게 굴지 못하게 해줬어요. 그때부터 다른 아이들이 저를 완전히 받아 주었어요.

〈타게스샤우〉의 보도국장이 되려면 학교 다닐 때 항상 1등을 해야 되나요?

이런 질문을 받으니 조금 무섭군요. 대학입학 자격시험에서 제가 우리 반 꼴찌에서 두 번째였거든요. 하지만 당시 제게는 공부보다 다른 게 더 중요했어요. 예를 들면 축구 같은 거죠.

정말 죽어도 하기 싫은 과목이 있었나요?

수학을 못했어요. 그래서 수학 선생님과 협상을 했죠—학교엔 항상 나오기, 그러나 수업은 방해하지 않기. 그 대가로 점수는 가장 낮은 6등급이 아니라 5마이너스 등급을 받았어요.

만약 지금 수학 분야의 중요한 상인 필즈 메달이 수여된다면, 그니프케 씨는 〈타게스샤우〉의 보도국장으로서 혹시 이런 결정을 내리실 건가요?—'그 소식은 보도하지 않겠어. 나는 수학에 흥미가 없으니까'.

아니죠. 이젠 저도 세상이 수학을 필요로 한다는 걸 알아요. 그렇기 때문에 〈타게스샤우〉에서 그런 상에 관해 보도하는 건 당연한 일이에요.

방송에서 무엇을 보도할지를 그니프케 씨 혼자 결정할 수 있나요?

혼자 결정하는 것은 좋지 않아요. 보도국장은 날마다 신경 써야 할 일이 아주 많아요. 세상에서 무슨 일이 일어나는지 알기 위해 이것저것 찾아서 읽지만, 모든 걸 세세히 다 알 수는 없어요. 그런 걸 하라고 편집부가 있는 거예요. 날마다 TV로 방송되는 〈타게스샤우〉나 웹사이트를 책임지는 팀이지요. 편집부 직원들은 세상에서 벌어지는 사건에 대해 정말 아주 작은 것까지 다 아는 사람들이에요. 매일 들어오는 뉴스를 읽고, 특파원들과 통화하고, 그걸 시청자에게 어떻게, 어떤 순서로 보여 줄 것인지 결정하죠.

당신은 편집부 기자들과 하루에 여러 번 회의를 하며 그런 것에 대해 논의하지 않나요?

맞아요. 회의는 대개 키높이 테이블에 서서 해요. 그곳에 모여서 어떤 주제를 다루고 어떤 걸 뺄 것인지 얘기해요. 누구든지 자신의 의견을 말할 수 있어요. 만일 편집부 기자가 "이 주제 말고 다른 걸로 하죠"라고 하면, 우리는 그 문제를 논의해요.

편집부 기자들의 의견이 모아지지 않는 경우가 드물지만 있어요. 그럼 모두 내 얼굴을 쳐다보며 말해요. "자, 국장님, 이제 결정하세요."

정치인들에게는 어떤 주제가 방송에 나오는지, 혹시 자기들 이야기가 나오는지도 매우 중요하잖아요. 혹시 정치인들이 가끔 전화를 걸어 〈타게스샤우〉가 무엇을 보도해야 하는지 말해 주나요?

누구도 그런 적이 없어요. 〈타게스샤우〉의 역사는 65년이 넘었어요. 아마 모두 알 거예요. 〈타게스샤우〉에 전화하거나 안 하거나 어차피 아무 소용이 없다는 것을. '고집불통'인 사람들이 일하거든요. 긍정적인 의미에서 말하는 거예요. 우리는 힘센 사람의 말에 좌우되지 않아요.

뉴스가 아주 어렵고 복잡할 때가 많아요. 〈타게스샤우〉가 실수를 한 적이 있나요?

안타깝게도, 있었어요. 하지만 아주 드물어요.

구체적으로 몇 번이나 실수를 했나요?

무엇을 실수로 보느냐에 따라 달라지겠죠. 정치인의 얼굴을 내보낼 때는 그게 누구인지 알 수 있도록 언제나 화면에 그 사람의 이름을 넣어요. 그런데 실수로 글자가 잘못 적히면 당연히 화가 나죠. 하지만 그건 뭔가 잘못된 내용을 보도할 때에 비하면 아주 사소한 실수예요. 누가 새로운 법안에 사실은 반대하는데도 실수로 찬성했다고 보도하면, 그건 폭탄이 터진 거나 다름없어요!

큰 실수는 나중에 바로잡아요. 제가 15년이 넘도록 〈타게스샤우〉 보도국장으로 일하고 있지만, 그동안 TV에서 두 번, 우리가 오보를 낸 것에 대해 사과했어요. 정말 오보를 낸 거죠.

어떤 일 때문에 사과를 하셨나요?

한번은 〈타게스테멘〉에서, 러시아 전사들이 민간인 1명을 살해했다고 보도했어요. 사실은 우크라이나 군인들이었어요. 우리는 실수를 스스로 깨달았어요. 너무 큰 실수라 다음 날 방송에서 시청자들에게 사과하고 이렇게 말했어요. "유감스럽게도 어제 잘못 보도가 나갔습니다. 고의가 아니라 실수로 오보를 냈습니다." 정말 무척 곤혹스러웠어요.

또 다른 실수는 무엇이었나요?

켐니츠에서 열린 시위 현장을 보도하면서 실수로 닷새 전 나치 시위에서 촬영한 영상을 집어넣은 거예요. 사실은 그렇지 않은데, 시청자들은 시위에 나치들이 참석했다고 생각한 거죠. 그때도 우리는 다음 날 이렇게 말했어요. "대단히 죄송합니다. 저희가 대형 사고를 쳤습니다."

〈타게스샤우〉에서는 왜 좋은 일은 별로 보도를 하지 않고 나쁜 일만 자주 전해 주나요?

뉴스에서는 대개 평소와 다른 일들을 보도해요. 예를 들어 함부르크시 정부가 매끈하게 돌아간다면 우리는 이렇게 보도하지 않아요. "함부르크시는 오늘도 할 일을 아주 잘했습니다." 그러나 그곳에서 심각한 사고가 일어난다면, 가령 어떤 결정을 내릴 때 은밀히 돈을 요구하고 뇌물을 받는다면 우리는 당연히 그것을 보도해야 해요.

물론 평범한 것에서 벗어난 일인데도 긍정적인 것들이 있어요. 예를 들어 전 세계에서 굶주림은 지난 20년 동안 절반으로 줄었어요. 먹을 것을 못 먹고 죽는 아이들이 점점 줄어들고 있는 거죠. 하지만 이런 긍정적인 발전은 대부분 천천히 진행돼요. 그리고 나쁜 일들은 극적으로 발생해요. 테러가 그 한 사례죠. 나쁜 일들이 뉴스에 보도되기 쉬운 것도 그 때문이에요.

테러에서는 흔히 사망자와 부상자를 찍은 끔찍한 사진들이 있어요. 그런 것을 전부 TV에서 보여 주나요?

〈타게스샤우〉에서는 그런 사진을 매우 신중하게

다뤄요. 우리는 죽은 사람을 근접 촬영해서 보여 주지 않아요. 하지만 그런 방침은 하루가 지나는 동안 조금 달라져요. 저녁 8시에 하는 〈타게스샤우〉와 〈타게스테멘〉에서는 낮 12시 뉴스 때보다 테러 장면을 더 많이 보여 줘요. 왜냐하면 낮에는 아이들이 혼자 TV 앞에 앉아 있으니까요. 우리는 아이들이 무서워하는 걸 바라지 않아요.

자제분들도 어렸을 때 〈타게스샤우〉를 보았나요?

그럼요. 우리와 함께 보았죠. 옆에 앉아서 비상시에는 쿠션으로 아이들 얼굴을 가려 주었어요. 이제 아이들이 보면 안 되는 장면이 나오겠구나 생각될 때마다 그렇게 했어요. 그리고 아이들이 자러 가기 전에는 보지 못하게 했어요.

자제분들은 이제 많이 컸겠군요. 지금도 저녁 8시가 되면 TV 앞에 앉아 〈타게스샤우〉를 보나요?

아니요. 아들은 TV 수상기도 없어요. 딸은 한 대가 있긴 하지만, 저녁 8시가 될 때마다 〈타게스샤우〉를 틀지는 않아요. 그것도 나쁘지 않아요. 두 아이는 그 대신 인터넷에서 〈타게스샤우〉를 봐요. 스마트폰에 있는 〈타게스샤우〉 앱을 자주 이용하지요. 그 외에도 〈타게스샤우〉는 온라인에서 제공하는 뉴스가 많아요. www.tagesschau.de 에서 24시간 내내 뉴스를 제공하고 있고 사회관계망에서도 당연히 제공해요.

뉴스에서 가끔 사람 얼굴을 알아보지 못하게 처리하는 이유는 무엇일까?

몇 해 전 두 남자가 베를린 한복판에서 자동차 경주를 한다며 빨간 불도 무시하고 도로를 질주한 적이 있어요. 급기야 그중 한 남자가 우연히 근처를 지나가던 연금 생활자의 자동차를 들이받았어요. 69살의 연금 생활자는 사망했고, 두 남자는 감옥에 갔어요.

혹시 여러분은 방금 자동차 경주를 한, 두 난폭 운전자가 어떻게 생겼을지 궁금하지 않았나요? 또는 어디선가 한번쯤 본 적 있는 사람들이 아닐까 생각하지 않았나요?

이런 뉴스를 접하면 대부분의 사람들은 그렇게 생각해요. 그래서 가해자들이 정말 위험하게 생겼는지, 아니면 불법 자동차 경주를 벌일 거라고는 누구도 생각지 못한 아주 평범한 남자들인지 당장 알고 싶어 해요.

이런 사건이 뉴스에 보도되면 가해자의 얼굴은 영상 보도나 사진에서 알아볼 수가 없어요. 대부분 흐릿한 동그라미만 보이죠. 사진을 이렇게 가공하는 것을 '모자이크 처리'라고 불러요. 뉴스 기자들은 대체 왜 이렇게 할까요?

독일에서는 누구나 '초상권'을 가지고 있어요. 다시 말해 사진이나 영상은 거기에 찍힌 사람이 원하지 않으면 공표할 수 없어요. 여러분이 부모님 집 정원에서 일광욕을 하는데 누가 그 모습을 몰래 사진으로 찍어 인터넷에서 올린다면 그건 불법이에요.

그러나 매체에서는 더러 예외가 있어요. 예를 들어 '시대사적인 사건'을 보도할 때, 다시 말해 많은 국민들에게 매우 중요한 주제에 대해 보도할 때가 그런 예외예요. 이런 경우 영상에 찍힌 사람이 원하지 않더라도 편집부에서는 그 사람의 얼굴을 뉴스에서 보여 줄 수 있어요. 따라서 기자들은 새로운 사건이 생길 때마다 다음 사항을 엄밀히 따져 봐야 해요. 가해자를 배려하는 게 더 중요한가? 아니면 일반 국민들이 가해자의 얼굴을 볼 권리를 주장할 정도로 사건이 엄중한가?

➡ 여러분의 생각은 어떤가요?

더 읽어 나가기 전에 할 일이 있어요. 눈을 감고 여러분이 보도국 편집 기자로서 난폭 운전자 사건을 보도해야 한다고 생각해 보세요. 여러분이라면 얼굴에 모자이크 처리를 할 건가요? 모자이크 처리에 찬성하건 반대하건, 각 입장에 대해 최소한 한 가지 이유를 생각해 둔 후에 다음 단락을 읽어 나가세요. 미리 보고 답변하면 안 돼요!

난폭 운전자 재판과 관련해 편집부 회의에서 다시 이 문제를 놓고 논쟁이 벌어졌어요.

니나는 가해자들의 얼굴에 어떻게든 모자이크 처리를 하려고 해요. “안 그러면 그 사람들이 누구인지 세월이 아주 많이 흘러도 다 알 수 있잖아요.” 니나가 말했어요. “가해자들이 언젠가는 감옥에서 나와 정말로 자신이 한 일을 후회한다 해도, 그들에게 기회를 주는 사람은 아무도 없을 거예요. 그뿐만이 아니에요. 그 사람들도 가족이 있을 거예요. 한번 생각해 보세요. 자기 아버지가 무슨 짓을 저질렀는지 다니는 학교에서까지 다 안다면 아이들의 심정이 어떨지를. 아이들은 아무 죄가 없잖아요!”

빌리는 니나의 생각이 과장되었다고 보았어요. “더 큰 사건으로 확대될 수도 있었어요.” 빌리가 말했어요. “1명만 사망했잖아요. 잘못해서 한 학급 학생 전체를 차로 치지 않은 건 그 남자들로서는 운이 좋은 거예요. 그들이 어떻게 생겼는지 모두 알아야 해요. 그래야 언젠가 그 사람들이 석방되어 나와도 누구나 조심할 테니까요.”

그런데 이 의견을 낸 사람은 빌리 혼자예요. 회의에 모인 동료들은 거의 전부 니나와 생각이 같았어요. 회의가 끝날 때 루디가 발언했어요. 그는 비슷한 사

공개 수배는 예외

경찰이 어딘가에 숨어 있을 범인을 찾을 경우에는 상황이 달라요. 그럴 때 경찰은 매체에 여러 번 도움을 요청하고 용의자의 사진을 제공해요. 이 경우 신문이나 TV는 범인의 사진에 당연히 모자이크 처리를 하지 않아요. 독자나 시청자가 경찰에 제보를 하려면 수배자의 얼굴을 알아야 하니까요. 혹시 용의자가 어디선가 빵을 사거나 자동차에 주유를 하지 않았을까요? 그러다 용의자가 잡히면 상황은 그 즉시 바뀌어요. 이때부터는 많은 편집부에서 얼굴에 모자이크 처리를 해요. “말도 안 돼.” 여러분은 이렇게 생각하겠죠. “어차피 사람들이 범인의 얼굴을 다 아는데.” 맞아요. 그러나 대부분의 기자들에게는 큰 차이가 나는 문제예요. 모자이크 처리를 하지 않은 앞의 경우엔 일반 국민들의 이익이 범인의 이익보다 더 중요해요. 왜냐하면 범인이 마음대로 돌아다니면서 위험한 행동을 할 수 있으니까요. 그러나 체포된 뒤 범인은 법정에 서 있어요. 그래서 대부분의 매체들은 그를 다른 용의자들하고 똑같이 다루어요.

안에 대해 이미 여러 번, 그것도 대부분 가해자에게 유리한 판결이 내려졌다는 점을 상기시켰어요. "더욱이 지금 우리는 그 사건을 보도할지 말지를 논의하는 게 아니에요. 그 사건을 방송에서 내보낸다는 건 우리가 모두 동의한 사안이에요. 문제는 가해자들의 얼굴을 공개할 것이냐 하는 것이죠."

결국 얼굴을 알아보지 못하게 하자는 쪽으로 결정이 났어요. 난폭 운전자들이 유죄 판결을 받았을 때 아마 다른 방송사 편집부에서도 거의 비슷한 결정을 내렸을 거예요. 그건 쉽게 확인할 수 있어요. 인터넷에서 이 사건을 찾아보면 모자이크 처리된 얼굴 사진들만 나와요.

다른 판단을 내린 사례도 있어요. 2016년 테러리스트 아니스 암리가 베를린에서 많은 사람을 죽이고 다치게 한 적이 있어요. 며칠 동안 다른 사건들은 뉴스에 나오지도 않았어요. 얼마 후 정치인들은 이런 일이 되풀이되지 않도록 새 법안을 제정했어요. 독일인들에게 큰 영향을 줄 정도로 매우 심각한 사건이었으니까요. 〈타게스샤우〉, 〈호이테〉, 〈RTL 악투엘〉, 〈로고!〉는 당연히 아니스 암리의 얼굴을 공개했어요.

기자들은 자신이 원하는 것을 보도할 수 있을까?

1년에 한 번, 주로 여름방학이 끝난 직후 어린이와 청소년들은 독일 어디에서나 투표용지에 기표한 뒤 접어서 선생님에게 제출해요. 반장 선거를 하는 것이죠. 표를 가장 많이 얻은 사람이 1년간 반 친구들의 이익을 대변하고, 특히 반을 위해 일해야 해요.

어른들이 하는 투표도 비슷해요. 어른들은 몇 년에 한 번씩 투표소에 가서 투표용지에 적힌 정당이나 이름 옆에 기표한 뒤, 용지를 접어 편지함처럼 생긴 투표함에 넣어요. 표를 가장 많이 얻은 사람이 몇 년간 나라를 다스려요. 즉 어디에 학교를 짓고 도로를 건설할지, 경찰관은 몇 명 채용할지, 나라에서 아동 수당은 얼마나 주어야 하는지를 결정하는 것이죠. 물론 독일에서는 그 누구도 혼자 모든 것을 결정할 수 없어요. 국민들이 여러 정당과 정치인을 뽑으면, 이들이 서로 논의하면서 함께 최선의 해결책을 찾아야 해요. 독일은 민주주의 국가이니까요. 글자 그대로 풀어 쓰면, 민주주의는 '국민이 지배하는 체제'로, 국민 모두가 함께 결정할 수 있다는 뜻이에요.

간단하게 들리지만 사실은 무척 복잡해요. 여러분이 새로 학교에 들어갔는데 아는 사람이 하

➡ 아동 수당이란 무엇일까?

정부에서 각 가정에 정기적으로 돈을 줘요. 여러분을 키우는 부모님이 정부로부터 매달 약 200유로(한화 약 27만 원)를 받지요. 여러분에게 형제자매가 있다면 그 수에 따라 아동 수당을 더 받아요. 만일 자녀가 3명이라면 약 600유로를 받아요. '불공평해요.' 여러분은 아마 이렇게 생각할 거예요. '아동 수당이니까 아이들도 돈을 받아야 하는 거잖아요!' 그런데 그게 그렇지가 않아요. 부모님이 아동 수당을 받는 이유는 여러분에게 필요한 책가방, 신발, 초콜릿 같은 것을 사기 위해서예요. 아동 수당의 일부를 자녀에게 주는 부모님들도 있어요. 그러면 그 자녀는 더 많은 돈을 내고 직접 필요한 것을 사야 할 거예요.

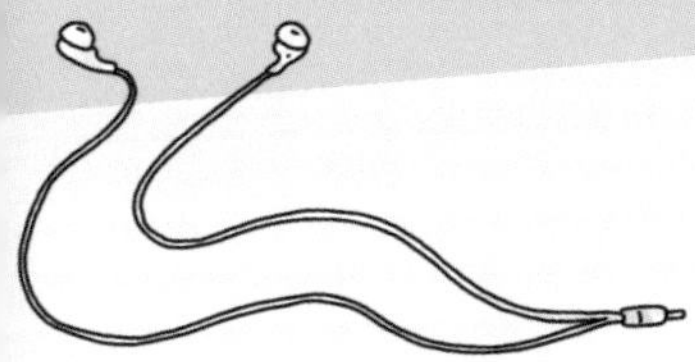

➡ 아이들은 왜 투표할 수 없을까?

독일에서 치러지는 대부분의 선거에서는 어른들만 투표해요. 나이가 18살이 되어야 선거에 참여할 수 있어요. 아이들이 아직 잘 모르는 게 많아 아무것에나 기표를 해서 졸지에 아주 이상한 정치인이 권력을 잡을까봐 두려워하는 사람들이 많아요. 또는 뽑아야 할 사람을 부모가 자식에게 말해 주고, 자식은 스스로 옳다고 생각하는 것에 기표하지 않을까봐 겁내는 사람들도 있어요. 그러나 이런 규정을 바꾸기 위한 논의가 계속 진행되고 있어요. 이제 몇몇 소규모 선거에서는 16살 이상의 청소년들도 투표를 할 수 있게 되었어요.

나도 없어요. 그래도 최고의 반장을 뽑아야 한다고 상상해 보세요. 그러면 여러분은 누가 정말 훌륭한 반장감인지 전혀 모르는데도 그냥 아무나 투표용지에 적는 수밖에 없어요.

어른들이 투표할 때도 비슷해요. 어른들은 투표용지에 기표하기 전에 비교적 많은 것을 알고 있어야 해요. 어느 정당이 어느 것을 옳다고 보고 있을까? 어느 정치인이 어느 곳에 돈을 쓰고 싶어 할까? 앞으로 정치인들은 어떤 일에 대해 결정을 내릴까? 선거가 끝났어도 계속 확인해야 해요. 정치인들은 약속한 것을 잘 지키고 있을까? 전반적으로 국민에게 이익이 되도록 일을 하고 있을까? 갑자기 자기 자신만 생각하는 건 아닐까? 만일 허리케인으로 주택이 파괴되면 정치인은 피해자를 어떤 식으로 도울까?

이 질문들에 대답하는 건 상당히 복잡하고 시간도 오래 걸려요. 이걸 각 유권자가 직접 알아내려 한다면 아마 아무 일도 하지 못할 거예요. 일하러 가고, 축구하러 가고, 아이들을 돌보아야 해서 아마 시간이 없겠죠. 그래서 독일 같은 민주주의 국가에서는 기자들이 이 일을 떠맡아요. 기자는 말하자면, 다른 사람들로부터 정보 수집을 의뢰받은 셈이죠. 따라서 언론에서는 민주주의가 제대로 작동하고 시민들이 선거에서 올바른 결정을 내리기 위해 알아야 하는 모든 것들을 보도해요.

기자들이 이런 일을 하려면 특별한 권한을 가

지고 있어야 해요. 그래서 신문, 온라인 편집부, 라디오 및 TV 등의 매체는 저마다 중요하다고 생각하는 것을 독립적으로 보도할 수 있다고 법에 적혀 있어요.

그 누구도 기자들에게 어떤 것을 보도하라고 명령할 수 없고, 특정한 것을 보도하지 말라고 금지해서도 안 돼요. 만일 그렇게 한다면 세상에서 무슨 일이 벌어지는지 유권자들이 어떻게 알겠어요? 언론의 자유를 규정한 법은 독일에서는 기본권이에요. 다시 말해 이건 너무나 중요한 것이라 그 누구도, 혹시 대다수의 정치인들이 찬성한다고 해도, 바꿀 수 없어요.

과거 독일에는 언론의 자유가 없었어요. 나치라고도 부르는 국가사회주의 시절, 국민들은 나라를 다스릴 사람을 자유롭게 뽑지 못했어요. 당시 권력은 아돌프 히틀러가 쥐고 있었어요. 아무도 히틀러에게 반대하는 말을 하지 못했어요. 신문과 라디오도 국가사회주의자들이 명령하는 것만 보도할 수 있었어요. 그 명령에 따르지 않은 기자들은 체포되고 처형까지 당했어요.

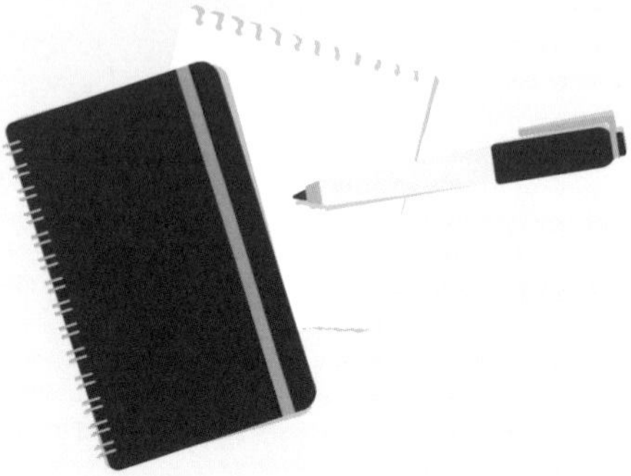

플리크 스캔들

오래전 프리드리히 카를 플리크라는 대단히 부유한 남자가 독일 정치인들에게 많은 돈을 주었어요. 그러자 정치인들은 플리크에게 유리한 법안을 만들기로 결정했어요. 플리크와 돈을 받은 정치인들은 당연히 이것을 비밀로 하려 했어요. 그러나 기자들이 그 사실을 알아내어 뉴스로 보도했어요. 이 때문에 많은 정치인들이 자리에서 물러났고 플리크는 감옥에 갔어요.

➡ 세계 각지의 언론의 자유

이 세계에는 오늘날까지 언론의 자유가 없는 지역이 많아요. 그런 곳에서는 무엇을 보도해야 하고, 무엇을 보도하면 안 되는지 정부가 매체에 구체적으로 지시를 내려요. 그곳 사람들은 자신의 견해도 말하지 못하는 경우가 많아요. 이를 어기는 사람은 처벌을 받지요. 언론의 자유가 특히 부족한 나라는 중국, 시리아, 투르크메니스탄, 에리트레아, 북한이에요.

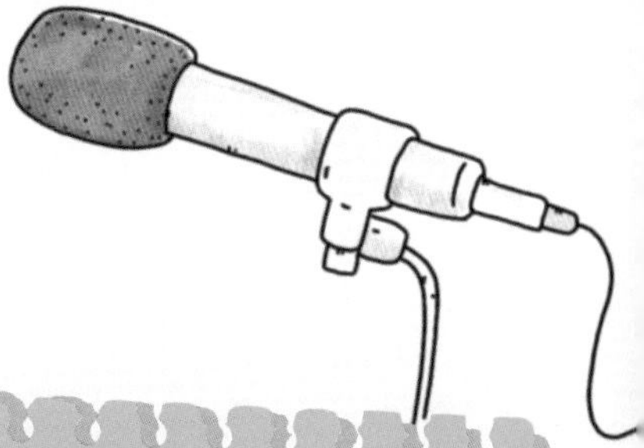

➡ 언론윤리강령이란 무엇일까?

대부분의 기자들은 자신이 하는 일에 진지한 자세로 임해요. 그래서 일을 할 때 지킬 규약을 만들기로 합의했어요. 그 규약을 '언론윤리강령'이라고 불러요. 독일 거의 모든 편집부는 이 강령을 지킬 의무가 있어요. 언론윤리강령에는 총 16개의 규정이 있어요. 거기엔 예컨대 기자는 언제나 신중하게 취재해야 하고 진실을 적어야 한다고 쓰여 있어요. 뿐만 아니라 기자는 자신의 보도로 인해 누군가가 가진 인간으로서의 위엄을 훼손해서는 안 되며 타인의 사생활을 존중해야 해요. 즉 남의 사적인 비밀을 누설해서는 안 돼요. 기자들이 이 강령을 지키는지 감시하는 위원회가 언론평의회라는 곳이에요. 신문 독자도 어떤 기사를 읽다가 화가 나면 언론평의회에 불만을 제기할 수 있어요. 어느 신문사 편집부에서 강령을 지키지 않았다는 것이 밝혀지면 언론평의회는 경고를 보낼 수 있어요. 그러면 신문사는 그 경고 내용을 신문에 실어야 해요. 물론 이러한 시스템을 비판하는 목소리도 있어요. 그러나 많은 사람들은 강령을 준수하지 않는 기자들을 언론평의회가 더 강하게 징계하는 게 좋다고 생각하고 있어요.

가끔 정치인들이 전화를 걸어 지시를 내리지는 않을까?

니나는 가장 친한 친구의 생일에 초대를 받았어요. 모두 둥근 식탁에 둘러 앉아 음식을 먹고 웃으며 이야기를 나누었어요. “니나, 이제 솔직히 털어놔 봐.” 갑자기 올레가 말했어요. “우리한테는 말해 줄 수 있잖아. 매일 아침 총리가 편집부로 전화를 걸어서 어떤 주제를 보도해야 할지 지시하잖아, 안 그래?” 니나는 사레가 들려 캑캑 기침을 했어요. 다시 숨을 쉴 수 있게 되자 모두 니나를 바라보며 대답을 기다렸어요.

니나는 머리카락이 휘날리도록 힘차게 고개를 저은 뒤 말했어요. “믿거나 말거나이지만, 총리는 매일 아침 우리한테 전화하지 않아. 다른 정치인들 중에도 그런 사람은 없어.”

그러고 나서 니나는 여러분이 98쪽에서 배워 알고 있는 것을 친구들에게 설명했어요. 독일 기자들은 자신이 원하는 것을 보도할 수 있다고 법에 적혀 있다고 말이죠. 정치인은 감히 그런 일을 할 수가 없어요. 자신이 전화한 사실을 편집부에서 당장 보도할 수 있을 테니까요. 기자들은 하루에 여러 번 회의를 열어 보도 주제에 대해 토론하고 그 다음에 결정을 내려요. “만일 네 말이 맞는다면, 그건 총리가 회의 시작 전마다 나나 동료들에게 일일이 전화를 한다는 말이고, 우리는 총리가 원하는 대로 다 한다는 뜻이잖아. 그렇게 되면 총리는 나라를 통치할 시간이 없을 거야.” 니나는 손가락으로 자기 이마를 툭 치고는 물 한 잔을 쭉 들이켰어요.

뉴스 기자들은 평소에 매번 니나와 똑같은 질문을 받아요. 혹시 정치인들이 뉴스 주제를 정해 주지 않느냐고 말이죠. 〈타게스샤우〉, 〈호이테〉, 〈RTL 악투엘〉, 〈로고!〉의 책임자들은 누구도 자신들이 하는 일에 간섭하지 못할뿐더러, 뉴스 주제는 날마다 자신들이 직접 고른다고 대답해요.

'그래도 그런 시도를 한 정치인이 있지 않았을까?' 여러분은 이렇게 생각할지도 몰라요. 맞아요. 그런 적이 있었어요. 하지만 그런 일은 너무나 드물어요. 오래전 당시 기독교사회연합당(CSU) 대변인이었던 한스 미하엘 슈트레프가 ZDF에 전화를 걸었어요. 그리고 〈호이테〉 뉴스에서 다른 당(사회민주당: SPD)의 전당대회 소식을 내보내지 말라고 했다고 해요. 기자들은 이 전화 통화 내용을 즉시 공개한 뒤, 전당대회 영상은 계획대로 내보냈어요. 나중에 슈트레프는 뉴스 보도에 영향력을 행사할 의도가 없었다고 했지만 결국 자리에서 물러났어요.

TV위원회와 방송위원회란?

공영방송에는 특별한 게 하나 더 있어요. 바로 방송위원회(ARD에서 부르는 명칭)와 TV위원회(ZDF에서 부르는 명칭)가 있다는 점이에요. ARD와 ZDF 두 방송사는 독일의 모든 시청자들로부터 수신료를 받아요. 그래서 근본적으로 가능한 한 많은 사람들이 방송과 관련해 발언할 수 있어요. 두 방송사의 위원회에는 교회와 노동조합과 그 외 단체를 대표하는 사람들, 그리고 경영자와 정치인들이 방송위원으로 앉아 있어요. 방송위원들은 매일 어떤 주제를 뉴스로 내보낼지 결정하지는 않아요. 그러나 기자들이 기본적인 규약을 준수하는지, 예를 들어 항상 진실을 보도하는지를 감시해요. 방송위원들은 그 외에도 ARD와 ZDF의 대표이사, 즉 두 방송사의 사장과 여러 문제를 협의해요. TV위원회와 방송위원회에 너무 많은 정치인들이 앉아 있다고 비판하는 사람들도 있어요. 그 정치인들이 기자에게 지나치게 많은 영향력을 행사할 수 있다고 우려하는 것이지요.

마리에타 슬롬카는 〈호이테 저널〉을 진행하는 언론인이에요. 특히 인터뷰 진행으로 유명하죠. 이번 인터뷰에서 슬롬카는 왜 인터뷰 때 늘 대담자에게 친절하지만은 않은지, 정치인들이 나중에 그녀를 '멍청한 여자'라고 몰래 욕하지는 않았는지 들려줄 거예요. 그리고 방송에서 하마터면 "꺼져, 이 더러운 녀석!" 하고 소리 지를 뻔한 사연도 얘기할 거예요.

© Foto: Thomas Morice

어렸을 때 슬롬카 씨는 잠을 자지 않아도 되는 특별한 날이 있다고 들었어요. 정말인가요?

밤이 되어도 제가 잠을 자려 하지 않아서 부모님이 생각해 낸 아이디어였어요. 부모님은 제가 한 달에 한 번 밤늦게까지 원하는 만큼 놀아도 좋다고 하셨어요. 그 대신 다른 날에는 떼를 쓰지 않고 정해진 시간에 잠을 자야 했어요. 더욱이 이불 속에서 몰래 손전등을 가지고 책을 읽는 것도 허락되지 않았어요. 밤늦도록 놀 수 있는 날은 대부분 토요일이었어요. 다음 날에는 학교를 가지 않았으니까요.

학교에 다닐 때 종종 선생님과 싸우셨다는데, 사실인가요?

제가 좋아했던 선생님이 몇 분 계셨어요. 하지만 그렇지 않은 선생님도 많았어요. 그 선생님들에게 가끔 반론을 제기하고 논쟁했어요.

지금도 그 성격은 여전하신 것 같아요. 이제 논쟁하는 상대는 선생님들이 아니라 인터뷰에 나온 유명 정치인들이죠. 옛날에 연습해 봐서 이젠 그런 논쟁과 토론이 좀 더 쉬운가요?

그럴 수도 있어요. 물론 요즘은 개인적 호감 같은 건 중요하지 않아요. 인터뷰는 논쟁이 아니에요. 인터뷰엔 목적이 있어요. 시청자들은 질문을 받은 사람이 특정한 주제에 대해 무엇을 생각하는지 인터뷰를 보며 이해할 수 있어야 해요.

인터뷰에서 당신은 정치인들에게 늘 호의적이지만은 않았죠? 왜 그랬나요?

언론인의 임무는 정치인들을 친절하게 대하는 것이 아니에요. 그렇다고 심술궂게 굴어서도 안 되죠. 그런 건 중요하지 않아요. 중요한 건 비판 정신을 잃지 않는 거예요.
정치인은 독일에 사는 많은 사람들에게 큰 영향을 주는 일들을 결정해요. 즉 커다란 책임을 짊어지고 있어요. 자신이 무슨 일을 하는지 정확히 설명하는 것도 그런 책임의 하나예요. 혹시 뭔가가 순조롭게 진행되지 않으면 거기에 대해 해명해야 돼요.
그래서 저는 되도록 많은 시청자들이 현재 무슨 일이 일어나고 있는지 정확히 이해할 수 있도록 인터뷰에서 많은 것들을 질문해요.

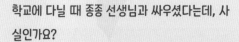

그런데도 정치인들은 종종 인터뷰에서 아주 복잡하고 어렵게 표현해요. 어떤 때는 거의 은어처럼 들려요. 슬롬카 씨도 그런 말을 알아듣나요?

네, 번역할 수 있어요. 그런데 저 자신은 되도록 남들이 알아듣기 쉽게 말하려고 노력해요. 그래서 인터뷰에서 대담자도 그런 것을 따라했으면 좋겠어요.

왜 많은 정치인들은 그토록 쉽게 말하는 게 어려울까요?

그건 승마장에 다니는 소녀들과 같아요. 승마장에 가면 하루 종일 재갈, 굴레, 말 콧구멍에 대해 이야기하잖아요. 그곳에 있는 사람들은 모두 그게 무슨 뜻인지 알아요. 하지만 나중에 집에 오면 소녀의 할머니는 아마 재갈이 뭔지 모를 거예요. 정치인은 자신과 똑같은 식으로 말하는 다른 정치인들과 하루 종일 함께 지내요. 그러다 저녁에 인터뷰를 하면, 다른 사람들이 자신이 쓰는 용어를 알지 못한다는 걸 깨닫지 못해요. 정치를 한다는 건 실제로 매우 복잡한 일이에요. 그걸 알기 쉽게 설명하는 건 정말 어려워요.

또 다른 이유도 있어요. 정치인은 너무 분명하게 의사를 표현하면 공격을 받을까봐 두려워해요. 그저 생각나는 대로 거리낌 없이 말을 하면 무척 난처한 상황에 처할 수 있어요.

왜 그렇죠?

말이 거칠어질 수 있으니까요. 기억나는 사회민주당(SPD) 소속 정치인이 있어요. 어느 행사에서 다 해진 옷을 입은 남자가 그 정치인에게 욕을 했어요. 그는 이렇게 대답했어요. "이봐요, 당신, 가서 몸이나 씻어!" 사실 그건 인간적인 반응이었지요. 결국 그 남자는 항의하기 시작했어요. 그 일이 큰 스캔들로 확대되었죠. 정치인은 그런 식으로 말하면 안 되거든요. 다시는 그런 일이 없게 하려고 정치인들은 특히 조심하죠.

인터뷰는 즉흥적으로 하나요? 아니면 미리 준비를 하나요?

철저히 준비해요. 하지만 시를 외우듯 달달 외우지는 않아요. 주로 인터뷰 내용을 연구해요. 즉 주제가 무엇인지, 예를 들어 운동장인지 아니면 학교 정책인지를 꼼꼼하게 생각해 두죠. 인터뷰가 시작되면 상대방의 말을 정확히 경청해요. 그리고 가능하면 자연스럽고 재치 있게 대응하려고 노력해요.

그럼 인터뷰 주제를 미리 알아두고 오후엔 그에 관한 책을 많이 읽는다는 뜻인가요?

맞아요. 준비하는 데 시간이 많이 들어요. 어떤 질문을 해야 하는지 확실하게 생각해 두죠. 그리고 어디에 문제점이 있는지, 따라서 내가 무엇을 비판할 수 있을지도 미리 생각해요. 그러나 질문을 적어 두지는 않아요. 그 대신 학교에서 남의 답을 슬쩍 베낄 때처럼 스튜디오에서 작은 커닝페이퍼 같은 것을 옆에 둬요. 하지만 저는 허락을 받은 거예요! 거기에 핵심 단어나 숫자를 적어 놓아요. 비상시에는 그 쪽지를 봐도 상관없지만, 원래 저는 그렇게 하지 않아요. 그것도 커닝 페이퍼를 사용할 때와 비슷해요. 쪽지에 내용을 꼼꼼하게 적으면, 사실 그 쪽지는 나중에 필요 없게 돼요. 모든 게 머릿속에 들어 있으니까요.

인터뷰에서 화난 것처럼 보이지 않기 위해 집중할 때 조심한다고 말하신 적이 있어요.

저는 과도하게 집중하면 늘 조금쯤 심각한 표정이 돼요. 양파를 썰든, 케이크를 만들든, 인터뷰를 진행하든 어느 때나 똑같아요. 사실 저는 그렇게 심각하고 진지한 성격이 아니라 잘 웃는 사람인데, 표정이 원래 그래요!

하지만 TV에서는 수백만 명의 사람이 나를 보고 있고, 그것도 클로즈업된 얼굴을 보잖아요. 그래서 언제나 표정을 통제하면서 화난 얼굴처럼 보이지 않으려고 각별히 노력하고 있어요.

인터뷰에서 예상하지 못한 일이 벌어진 적이 있나요?

돌발 상황은 어느 때든 일어나요. 대담자가 뜻밖의 대답을 할 때가 있어요. 한번은 어느 정치인이 자신이 속한 당에서는 싸움을 하지 않는다고 했어요. 하지만 사실은 엄청난 싸움이 있었고 그건 누구나 다 아는 사실이었죠! 우습기도 하고 꽤나 어이가 없어서 제가 "그거 진담이 아니죠?" 하고 물어봤어요. 가끔 예상치 않게 인터뷰가 갑자기 험악해질 때도 있어요.

하지만 누가 기절한다거나 와락 울음을 터뜨린 적은 없어요. 서로 고함을 지르며 싸운 적도 없고요.

카메라가 꺼졌을 때 어느 정치인이 안 들리는 소리로 '멍청한 여자'라고 슬롬카 씨에게 말한 적은 있지 않았나요?

그런 욕설은 지금까지 '독일을 위한 대안'(AfD) 소속 정치인들한테서만 들어 봤어요. 그 사람들은 그 욕을 제 면전에서 직접 하지 않고 트위터로 해요.

그 외의 정치인들한테서는 들은 적이 없어요. 그들은 그런 욕설을 도발적이라고 보는 거죠. 게다가 제가 TV에서 중요한 역할을 한다는 걸 알고 있고, 인터뷰에서 제가 그들의 개인적인 면을 지적하는 게 아니라는 것도 알고 있죠. 저는 모든 정치인들에게 비슷한 방식으로 질문해요. 어떤 사람들에겐 말할 수 없이 친절하고 어떤 사람들에게는 끔찍하게 공격적이지 않아요. 그래야 공평하죠.

어렸을 때 뉴스 프로그램을 많이 보셨나요?

네. 비교적 일찍부터 뉴스를 보기 시작했어요. 11살인가 12살 때일 거예요. 부모님이 정치에 관심이 많았어요. 그래서 저도 어린 나이에 부모님과 함께 뉴스를 보기 시작했죠.

가장 좋아하는 방송은 무엇이었나요?

옛날에는 〈로고!〉 같은 어린이 뉴스가 따로 없었어요. 그래서 부모님이 보는 〈호이테〉, 〈호이테 저널〉, 〈타게스샤우〉를 보았어요.

뉴스 프로그램이 제일 좋아하는 방송이었나요? 아니면 더 신나는 방송이 있었나요?

어렸을 땐 당연히 뉴스보다 다른 프로그램이 더 재미있었죠. 〈꿀벌 마야〉, 〈꼬마 바이킹 비키〉, 〈뚱뚱이와 홀쭉이〉를 재미있게 보았어요! 지금도 즐겨 보는 프로그램들이에요. 볼 때마다 특히 홀쭉이와 그가 하는 행동에 정신없이 웃었어요.

방송에서 웃음보가 터진 적도 있었나요?

카메라 앞에서는 없었어요. 하지만 영상이 나가는 도중 가끔 웃음이 나올 때가 있어요. 그 순간엔 제 모습이 화면에 잡히지 않아요. 그럼 재빨리 웃음을 수습해야 돼요. 영상이 끝나면 즉시 다음 뉴스를 진행해야 하니까요! 정말 참을 수 없게 웃음이 터지는 데는 이유가 없을 때가 많아요. 그냥 그 상황이 웃겨서 나오는 웃음이죠. 예를 들면 뉴스 스튜디오에서 뭔가가 쓰러졌을 때가 그런 경우예요.

방송 중에 갑자기 딸꾹질이 나면 어떻게 하나요?

다행히 저는 그런 적이 없어요. 아마 극도로 집중한 덕분일 테고, 이제부터는 딸꾹질도 하면 안 된다는 걸 스스로 알고 있어서 그럴 거예요. 하지만 다른 종류의 사고는 일어나요. 언젠가 여름에 방송 중 계속 굵은 파리가 윙윙거리며 제 머리 주변을 날아다닌 적이 있어요!

파리를 잡으려고 했나요?

옆으로 쫓아버리려 했어요. 그때 정신을 차리지 않았으면 아마도 "꺼져, 이 더러운 녀석!" 하고 소리를 질렀을 거예요.

기자들은 진실을 어떻게 밝혀낼까?

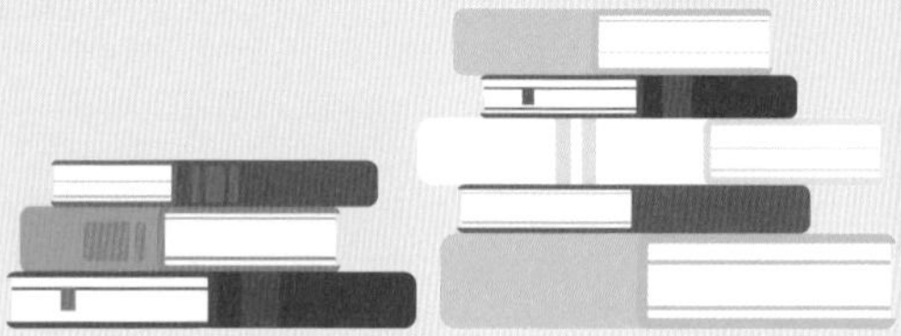

탐정이 까다로운 사건을 해결하는 책을 여러분도 즐겨 읽나요? 그러면 '취재'가 무슨 뜻인지도 알겠군요. 혹시 모르는 사람이 있다면 다음을 읽어 보세요. 취재란 되도록 많은 정보를 수집해 진실을 밝히려고 노력하는 것을 말해요. 대부분의 기자들에게 취재는 업무의 중요한 일부예요. 기자는 특정한 주제를 위해 찾아낼 수 있는 정보들을 모두 모으고, 여러 곳을 돌아다니고, 특히 그 분야를 잘 아는 사람들과 대화하고, 가끔은 은밀한 정보까지 얻어서 그걸 추적하죠. 그러니까 기자들은 사실 탐정이 하는 것과 같은 일을 해요. 단서를 찾고, 흔적을 추적하고, 모든 게 순조롭게 흘러가면 결국 사건을 해결하고, 그 모든 이야기를 기록한 후 공개하잖아요.

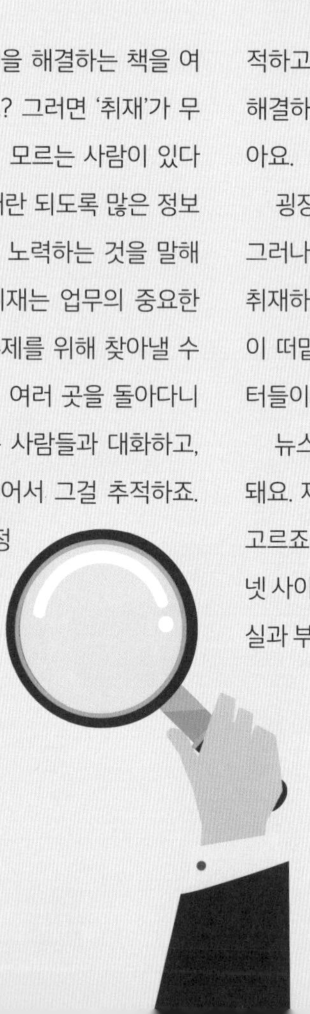

굉장히 흥미진진하게 들리지 않나요? 맞아요. 그러나 지루한 면도 있어요. 뉴스 기자들은 직접 취재하는 일이 별로 없어요. 탐정 일은 다른 사람이 떠맡아요. 예를 들면 특파원이나 통신사 리포터들이죠.

뉴스 기자의 정식 업무는 사실상 나중에 시작돼요. 제보 받은 이야기 중에서 가장 중요한 것을 고르죠. 그뿐만 아니라 책임지고 방송, 신문, 인터넷 사이트 등에 정말로 확실하고 세세한 것까지 사실과 부합하는 보도들만 나오게 해야 해요. 원칙적

으로 기자는 탐정을 모니터링하는 사람에 가까워요. 그래서 제보 받은 이야기들에서 혹시 모를 오류나 불명확한 점을 발견하려고 노력해요. '아하, 꽤나 지루하게 들리는데.' 여러분은 이렇게 생각할지 몰라요. 하지만 사실은 무척 흥미로울 때가 많아요.

"땡!" 갑자기 소리가 나요. 니나는 들고 있던 커피 잔을 재빨리 컴퓨터 자판 옆에 내려놓아요. 이게 무슨 소리인지 니나는 알아요. 통신사에서 특히 중요한 소식을 보낼 때마다 울리는 신호예요. '총리 공관을 어슬렁대는 사자'—니나는 제목을 읽고 눈이 휘둥그레졌어요. 뉴스를 열어 보니 2개 문장으로 구성된 보도였어요. '목격자들의 증언에 따르면 베를린 총리 공관에서 사자 1마리가 복도를 어슬렁거리고 있다. 이렇게 된 이유가 무엇인지는 아직 확실하지 않다.'

니나는 총리와 장관들이 지금 내각 회의를 하기 위해 만나려 한다는 것을 알고 있어요. 사자가 나타난 게 사실이라면 독일의 유력 정치인들은 지금 큰 위험에 처해 있다는 얘기죠. 그렇지만 니나는 이 뉴스를 당장 그대로 내보내지 않을 생각이에요. '맨 먼저 보도하라. 그러나 사실 보도가 먼저다'라는 문장이 금방 머리에 떠올랐거든요. 터무니없는 이야기를 보도할 가능성을 되도록 차단하기 위해, 니나는 '2개-취재원'의 원칙을 지켜요. 최소한 2개의 서로 다른 독립적인 방향에서 검증된 뉴스

만 보도한다는 원칙이에요. 니나에게 이건 실제로 다음과 같은 과정을 의미해요. 니나는 이제 재빨리 베를린에 있는 특파원에게 전화를 걸어 혹시 아는 게 있느냐고 물어볼 거예요. 그랬더니 사실이었어요. 특파원 카를라가 방금 총리 공관 수위와 직접 이야기를 나누었어요. 수위는 사자가 계단을 올라가는 걸 보았다고 하네요. 이로써 니나와 동료 기자들은 확실하게 마음을 정했어요. 총리 공관에 나타난 사자는 다음 방송의 톱뉴스—즉 첫 번째 뉴스—로 나갈 거예요. 몇 분 후면 방송이 시작되므로 니나는 자신이 알고 있는 것과 아나운서가 방송에서 읽을 내용을 황급히 적어요. 시청자들이 가능하면 모든 내용을 이해할 수 있도록 니나는 보통 이 정보가 어디에서 나왔는지도 언급할 거예요.

단어 하나하나까지 사실에 맞게 썼는지 확실히 하기 위해, 니나는 완성된 원고를 보도국장에게 보여 주어요. 그러면 보도국장은 원고를 한 번 더 확인해요. 이 과정도 뉴스 저널리즘에 있는 원칙이에요. 이걸 '2인 감사 원칙'이라고 해요. 최소한 4개의 눈—다시 말해 2명—이 확인하지 않은 것은 뉴스로 내보내지 않는다는 뜻이에요.

맨 먼저 보도하라.
그러나 사실 보도가
먼저다.

퀴즈

다음 중 니나가 가지고 있는 2개의 취재원은 무엇일까요?

a. 통신사와 특파원

b. 통신사와 또 다른 통신사

c. 특파원과 베를린 동물원 원장

해답

정답은 a: 통신사와 특파원이에요. 만일 니나가 특파원과 연락이 닿지 않았다면 결과가 어땠을까요? 그럼 정답은 b가 됐을 거예요. 정말 중요한 사건이 일어나면 당장 모든 통신사들이 번개 같은 속도로 취재를 시작해요. 예를 들어 디피에이 통신사가 사자 출몰 소식을 보도하면, 몇 분 뒤 뉴스 편집부에는 벌써 로이터 통신에서 보낸 정보가 들어와 있어요. 그곳 리포터들이 직접 총리 공관으로 달려가 디피에이 통신사와 똑같은 결론에 도달한 것이죠.

그런데 또 다른 문제가 있어요. 니나가 내보내는 모든 보도는 아주 세세한 부분까지 사실이어야 해요. 그런데 그 시간에 세상에서는 아주 많은 일이 일어나고 있어요. 반면에 방송 시간은 짧아요. 그러니 방송에서는 모든 소식을 길고 자세하게 일일이 설명할 수 없어요. 그래도 뉴스에서 실수하지 않기 위해, 이따금 니나는 보기보다 많은 의미가 숨어 있는 특정한 표현들을 사용해요. 뉴스 프로그램을 시청할 때 한번 유심히 들어 보세요. 다음 페이지에는 일람표가 나와요. 표를 보면 여러분은 뉴스 원고에 등장하는 3개의 은밀한 메시지의 뜻을 알아낼 수 있을 거예요.

➡ 독일인들이 가장 신뢰하는 뉴스 프로그램은 무엇일까?

대부분의 독일인들이 가장 신뢰하는 뉴스 프로그램은 〈타게스샤우〉예요. 한 설문조사에서는 100명 중 90명이 〈타게스샤우〉 아나운서가 전하는 뉴스를 '완전히' 신뢰하거나 '많이 신뢰'한다고 대답했어요. 2위에는 83퍼센트의 사람들이 신뢰하는 〈호이테〉가 올랐고, 3위에 오른 〈RTL 악투엘〉은 43퍼센트의 사람들로부터 신뢰를 얻었어요.

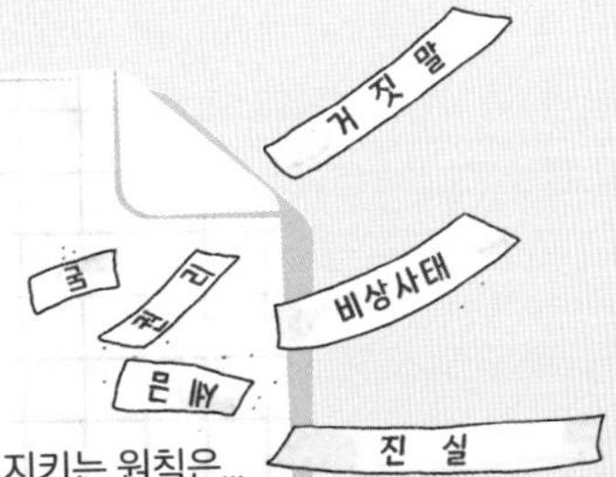

퀴즈

어떤 원칙이 맞을까요?

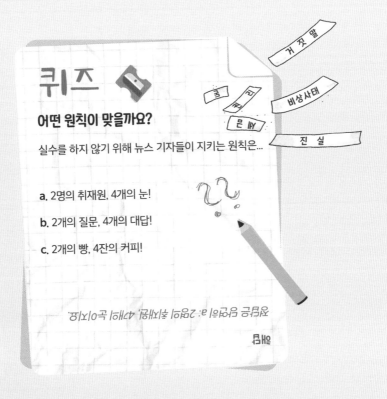

실수를 하지 않기 위해 뉴스 기자들이 지키는 원칙은…

a. 2명의 취재원, 4개의 눈!

b. 2개의 질문, 4개의 대답!

c. 2개의 빵, 4잔의 커피!

해답

정답은 당연히 a: 2명의 취재원, 4개의 눈이지요.

뉴스 기사에 등장하는 메시지 :

여러분이 듣는 단어	진짜 의미
"최소" 8명의 장관이 사자를 피해 몸을 숨겼다.	사실 니나는 몇 명의 장관이 총리와 함께 회의실에서 사자를 피해 몸을 숨겼는지 정확히 몰라요. 디피에이 통신사는 8명이라고 주장해요. 로이터 통신은 10명이라고 말해요. 결국 니나는 이렇게 쓰기로 결정했어요. "현재 최소한 8명의 장관이 총리와 함께 내각 회의실에 숨어 있다." 어쨌든 이 문장의 내용은 사실이니까요.
"최대" 100명의 소방관들이 사자를 포획하고 있다.	"소방청 대변인의 말에 따르면 100명의 소방관이 투입되었다." 통신사 보도에 적힌 기사예요. 그러나 특파원 카를라는 니나와 통화할 때, 건물 앞에 작은 소방차 1대만 서 있으며, 수위는 10명의 소방관만 보았다고 전했어요. 따라서 니나는 다음과 같이 기사를 적기로 했어요. "현재 최대 100명의 소방관들이 투입돼 사자를 포획하고 있다." 이 문장은 소방관의 수가 100명보다 적을 수 있다는 것을 뜻해요.
사자는 베를린 동물원에서 탈출한 것으로 **"보인다"**. 	베를린 동물원은 총리 공관에서 겨우 3킬로미터 가량 떨어져 있어요. 통신사들은 그 구간에서 사자를 보았다는 몇몇 목격자들의 이야기를 보도했어요. 동물원 원장은 사자 1마리가 동물원에서 사라졌다는 것을 확인해 주지 않았어요. 물론 사자가 정말 동물원에서 탈출했을 수도 있어요. 그러나 아직은 확실하지 않아요. 따라서 니나는 이렇게 기사를 쓰기로 했어요. "사자는 베를린 동물원에서 탈출한 것으로 보인다." 이와 비슷하게 알쏭달쏭한 표현에는 "~인 것으로 추정된다"(비교적 불확실할 때), "~인 것이 확실해 보인다"(100퍼센트 정확하지는 않지만 상당히 확실할 때)가 있어요.

➡ 취재원이 하나밖에 없다면?

뉴스 기자들은 가끔 이러지도 저러지도 못하는 상황에 빠져요. 분명히 중대한 일이 발생했는데 제2의 취재원이 없다면 언제나 그럴 수밖에 없어요. 예를 들면 어느 나라에서 전쟁이 벌어졌을 때가 그런 사례예요. 그럴 땐 너무 위험해서 기자들이 현지에 머무를 수가 없어요. 그 때문에 많은 정보들이 밖으로 드러나지 않아요. 그럴 경우 뉴스를 전하는 아나운서는 모든 게 정말 보도한 대로 일어난 일인지 편집부에서도 확실히 알지 못한다고 덧붙여요. 단 한 군데 신문만 보도한 뉴스를 방송에서 내보낼 때도 비슷한 상황이 전개돼요. 이런 경우엔 언제나 그 뉴스의 원래 출처가 어디인지를 분명하게 밝혀요. 예를 들면 아나운서가 다음과 같이 말할 거예요. "《쥐트도이체 차이퉁》이 보도한 바에 따르면 총리 공관에 사자가 나타났습니다." 2개-취재원의 원칙에서 벗어나는 세 번째 예외가 있어요. 관청에서 공식적으로 입장을 표명했을 경우예요. 만약 총리 대변인이 많은 기자들을 기자회견에 불러놓고 사자가 총리 공관에서 돌아다녔다고 말한다면, 리포터들이 당장 그 사건을 보도할 거예요.

➡ 정말 총리 공관에 사자가 나타났을까?

아니에요. 그 뉴스는 지어낸 이야기예요. 하지만 정말 맹수가 동물원에서 도망치는 경우가 가끔 있어요. 라이프치히에서는 갑자기 사자 2마리가 한꺼번에 우리에서 탈출해 동물원 경내를 어슬렁대며 산책한 적이 있어요. 동물원이 아직 문을 열지 않은 상황이어서 아무 일도 일어나지 않았어요. 노이비트에서도 도심을 활보하는 서커스 코끼리를 포획한 적이 있어요.

뉴스를 보도하는 기자들도 실수를 할까?

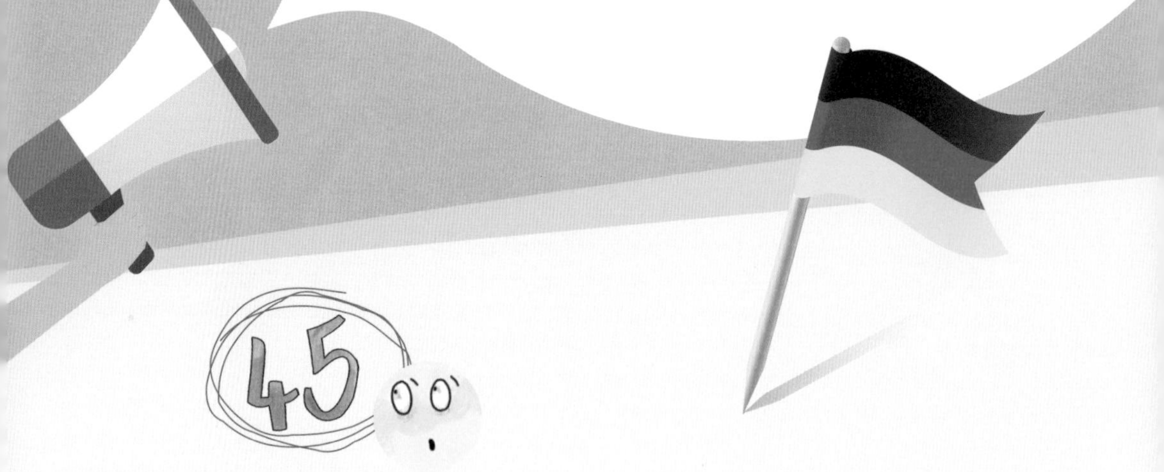

“시험 시간은 45분이에요.” 수학 선생님이 학생들에게 말하네요. “그러니 빨리, 하지만 정확하게 푸세요. 자, 시작!” 여러분은 시험지를 뒤집어 문제를 뚫어져라 쳐다봐요. 원래는 다 풀 수 있는 문제들이에요. 하루 종일 공부했으니까요. 그런데 1번 문제는 대체 뭘 묻는 걸까요? 2번도 전혀 본 적이 없는 문제예요! 되도록 빠르게 계산을 해 보지만 결과는 신통치가 않네요. 첫째, 여러분의 계산 결과가 하나도 맞지 않아요. 둘째, 그래서 에드빈의 답을 베껴 적으려고 해요. 셋째, 하지만 앉아 있던 의자가 넘어지는 통에 실패해요. 넷째, 그 바람에 에드빈의 쪽지가 여러분의 책상 위에 있는 걸 수학 선생님이 발견해요. 다섯째, 선생님이 여러분과 에드빈의 쪽지를 가져간 뒤 여섯째, 두 사람에게 빵점을 줘요.

이 모든 게 뉴스 편집부에서 나오는 실수와 무슨 관계가 있냐고요? 겉에서 보기보다는 관계가 많아요. 편집부는 학교에서 시험을 칠 때와 똑같이 거의 언제나 시간의 압박을 받아요. 기자는 빠르면서도 정확하게 일 처리를 해야 해요. 거기에 필요한 기술은 교육을 받을 때 습득하지만, 그래도 마지막에 가서는 생각한 것과 조금 다르게 진행되기도 하고, 편집부 직원들도 직감으로 빠른 결정을 내릴 때가 많아요.

때로는 하나의 실수가 또 다른 실수를 불러오면서 결국엔 모든 게 틀어지는 경우가 있어요. 그런 걸 ‘연속 실수’라고 불러요. 일반적으로 어떤 사고가 일어나는 데에는 원인이 단 하나가 아니라 여러 개 존재한다는 뜻이에요. 그렇게 되면 4개의 눈의 원칙이나 2개의 취재원의 원칙처럼 이미 장착

된 안전 장치들이 더는 작동하지 않는 결과가 나타나기도 해요.

예를 들어 보죠. 몇 년 전 ARD의 〈타게스테멘〉에서 잘못된 독일 국기가 방송에 나간 적이 있어요. 시청자들은 뉴스 진행자 뒤쪽에서 검정-빨강-노랑의 독일 국기가 아니라 빨강-검정-노랑의 국기를 본 거예요. 많은 신문들이 나중에 이 방송 사고를 기사로 냈어요. 방송사 뉴스 편집부로서는 무척 창피한 일이지요. 당시 〈타게스테멘〉 책임자였던 토마스 힌리히스의 말에 따르면, 이런 사고가 발생한 원인은 하나가 아니라 여러 개였어요. 우선 그래픽 담당자가 실수로 잘못된 색을 눌렀어요. 그리고 뉴스 책임자는 그림이 방송에 나가기 전, 한 번 더 확인하지 못했어요. 기계 장치에서 뭔가 고장이 났거든요. 힌리히스에 따르면, 그것으로도 모

퀴즈

어느 실수가 정말로 있었던 일일까요?

(답이 여러 개일 수 있어요.)

a. 〈RTL 악투엘〉에서 나흘 전의 일기예보가 방송되었어요.

b. 〈100초간 보는 타게스샤우〉에서는 실수로 버젓이 살아 있는 어느 여배우를 두고 사망했다고 보도했어요.

c. 〈호이테 저널〉에서 진행자 클라우스 클레버가 세계적인 유명 밴드 '퀸'을 여러 번 계속해서 '퀸스'라고 불렀어요.

해답

셋 모두 실제로 일어났던 일이에요. 편집부에서는 곧장 실수에 대해 사과했어요.

자랐는지 또 한 번 모든 게 엉망이 되었어요. 독일 국기가 방송에 나가기 직전, 연출실에 있는 많은 모니터 중 1개에, 유럽챔피언십 축구 경기에서 러시아가 네덜란드를 상대로 1골을 넣는 장면이 나온 거예요. 안타깝게도 방송을 모니터링하던 사람들이 축구 팬들이었어요. 그 순간 축구에 정신이 팔려 잘못된 독일 국기를 발견하지 못했던 거죠.

뉴스 기자도 다른 모든 사람들과 마찬가지로 집중력이 흐트러지거나, 불확실한 정보를 가지고 있거나, 잘못된 결정을 내리거나, 엉뚱한 데에 정신을 빼앗길 때가 있어요.

하지만 그런 일은 아주 드물어요. 〈타게스샤우〉, 〈호이테〉, 〈RTL 악투엘〉, 〈로고!〉의 기자들은 날마다 시청자들에게 가능하면 진지하고, 균형 잡히고, 오류 없는 정보를 제공하려고 노력해요. 옛날에는 어쩌다 뭔가가 잘못되면 그걸 기자가 혼자만 알고 있었지만, 이젠 사고에 공개적으로 대처하려는 편집부가 점점 늘어나고 있어요. ZDF에서는 이를 위해 별도의 인터넷 사이트까지 개설했어요. 어떤 실수가 발생했고 왜 발생했는지, 그리고 진실은 무엇인지를 누구나 해당 사이트에 가서 읽을 수 있어요. 〈호이테〉, 〈호이테 저널〉, heute.de 에는 매달 총 두 번의 실수가 있었다고 기록되어 있어요. 대부분 사소한 실수들이었어요.

퀴즈

〈RTL 악투엘〉은 독일연방의회에서 표결이 있을 때 어느 정치인이 가장 자주 자리를 비웠는지 보도한 적이 있어요. 당시 뉴스 진행자 뒤에 보이는 그래픽엔 이렇게 적혀 있었어요.

'불출썩'

실수가 무엇인지 알겠지요?

정답

마지막 글자는 '썩'이 아니라 '석'으로 써야 해요.

제니퍼 지클라는 어린이 뉴스 프로그램 〈로고!〉의 진행자예요. 이 인터뷰에서 지클라는 스튜디오 실내가 사실은 TV로 보는 것과 완전히 다르다고 알려 주네요. 또한 방송 때문에 떨릴 때는 어떻게 하면 도움이 되는지, 왜 방송이 나가기 직전에 입고 있던 티셔츠를 벗어야 했는지 말해 줄 거예요.

© Foto: Sebastian Lapke

제가 지클라 씨의 비밀을 하나 알고 있어요. 옛날에 오른쪽 신발을 왼쪽과 다른 걸로 신었다죠.

맞아요. 어느 신발을 신을지 결정을 못 했어요. 둘 다 예뻤거든요. 색깔은 달랐지만 신발창은 둘 다 평평했어요. 지금은 그렇게 짝짝이로 신을 만한 신발이 없어요. 그래도 옛날처럼 신는다면 오른쪽 신발축이 왼쪽보다 높아서 아마 절뚝거리겠죠!

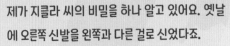

지클라 씨의 비밀을 하나 더 알고 있어요. 원래 기자가 될 생각은 없었고, 직접 남들의 비밀을 알아내는 첩보원이 되고 싶으셨죠.

맞아요. 비밀 첩보원이 되고 싶었어요. 제임스 본드가 나오는 〈007시리즈〉 영화에 나오는 그런 사람을 상상했어요. 항상 밖에서 활동하며 나쁜 사람들을 쫓아다니고 싶었어요. 그러다 독일 정보국에 알아보니, 첩보원으로 일하면 자주 이사해야 하고 가족도 자주 만나지 못한다고 하더군요. 그게 별로 마음에 들지 않아 생각을 고쳐먹었어요. '좋아. 그럼 세상에서 무슨 일이 일어나는지 사람들에게 알려 주는 일을 하겠어.'

그 다음엔 어떻게 언론인이 되셨나요?

대학입학 자격시험을 치른 뒤 대학에 들어가 공부했어요. 짬짬이 편집부에서 실습을 했죠. 그 후 헤센 방송국 수습직에 지원했어요. 저널리스트가 되기 위한 직업교육 같은 것이죠. 그 다음에 〈로고!〉를 맡아 하게 되었어요.

학생들이 방송사 편집부 인턴직에 지원하면 떨어질 때가 많다고 해요. 합격 비결이 있을까요?

작은 곳에서부터 시작해 점점 높은 곳으로 올라가야 해요. 제가 처음 인턴사원으로 일한 곳은 《바트 조덴 신문》이었어요. 아주 작은 신문사죠. 그런 곳에서 성공적으로 일한 뒤 더 큰 신문사에 지원하는 거죠. 그 후에는 라디오에서 일했어요. 그 다음에 TV 방송의 인턴사원에 합격했고요.

〈로고!〉에서 처음에는 편집부에서 일하셨죠. 그러다 프로그램 진행도 해 보겠냐고 그쪽에서 지클라 씨에게 물어보았나요?

그 희망은 마음속으로만 품고 있었어요. 제가 어딘가에 앉아 있는데 갑자기 방송사 사장이 지나

가다가 이런 말을 해 주기를 바랐어요. "지클라 씨는 프로그램 진행도 아주 뛰어나게 할 것 같아요." 하지만 그런 일은 일어나지 않았어요! 제 경험으로 말하자면, 누가 물어볼 때까지 기다려서는 안 돼요. 대개 아무도 물어봐 주지 않거든요. 저는 언제나 제가 먼저 제안했어요. 〈로고!〉에서는 두 번의 캐스팅에 참여했지만 두 번 다 다른 사람이 뽑혔어요. 세 번 시도한 끝에 성공했죠.

처음 카메라 앞에 섰을 때 떨렸나요?

너무 떨려서 다리가 후들거리고 심장이 미친 듯이 뛰었어요. 숨도 제대로 안 쉬어졌어요. 저는 쿨한 사람이 못 돼요. 다른 사람들은 그때 느긋하고 여유가 있더라고요. 그래도 가끔 이런 느낌이 들어요. 많은 사람들이 엄청나게 쿨한 척하지만, 사실은 전혀 그렇지 않은 거라고.

두 번째 방송에서는 나아졌나요?

아니요. 그때도 정말 오래도록 떨었어요. 그러다 이런 생각까지 들더라고요. '넌 무슨 일이 있어도 방송인이 되겠다고 했지만, 어쩌면 이건 네 길이 아닐지도 몰라. 너무 흥분하고 초조해 하잖아.' 그래서 방송을 다시 그만두어야 하나 진지하게 고민도 했어요.

그런데 좀 재미있는 일이 일어났어요. 당시 저는 성인 뉴스 프로그램을 진행하던 중이었는데, 바로 그 순간 예전에 지원했던 자리에 캐스팅된 거예요. 그때 이런 생각이 들었어요. '아니, 넌 아주 잘할 수 있을 거야. 조금 더 자신감을 가져.' 정말 생각한 대로 되었어요.

혹시 아이들이 학교에서 발표하기 전 떨릴 때 도움이 될 만한 비법 같은 게 있을까요?

있어요. 이렇게 해 보세요. 다리를 넓게 벌리고, 두 손으로 뒤에서 엉덩이를 받치고, 가슴을 앞으로 내밀고, 당당한 자세로 '나는 할 수 있어.' 라고 생각하세요. 이상하게 들리겠지만 효과가 있어요! 발표하기 전에 학교 화장실에서 몰래 연습해 보세요.

그런 다음, 반 학생들 앞에 섰을 때는 오른쪽 엄지로 왼손 엄지와 검지 사이를 잠시 꾹 누르세요. 조금 아프겠지만 흥분이 가라앉아요.

방송을 하기 전에 계단을 오른다고 들었어요. 그렇게 하는 건 초조해서 그런 건가요?

아니에요. 프로그램 진행자는 방송 전 엘리베이터를 탈 수 없기 때문에 그런 거예요. 방송 직전 혹시 엘리베이터에 갇히면 아무도 뛰어들어서 도와줄 수 없을 테고, 〈로고!〉는 결방이 되겠죠!

스튜디오에 서서 앞을 바라볼 때는 무엇이 보이나요?

앞에는 로봇 카메라가 있어요. 연출실에서 컴퓨터로 조종하면 자동으로 왔다갔다 해요. 그래서 늘 조심해야 해요! 카메라에서 빨간 불이 깜박거리면 2미터 떨어져 있어야 해요. 그렇지 않으면 카메라가 실수로 저를 치고 지나갈 수 있거든요. 그 옆에는 카메라맨이 조종하는 두 번째 카메라가 있어요. 모니터도 여러 개 달려 있어요. 아 참, 제 왼쪽에는 동료가 앉아서 텔레프롬프터를 작동시켜요.

뒤쪽에는 무엇이 있나요?

제 뒤에는 데스크가 있어요. 그리고 아주 커다란 초록색 벽이 있어요.

〈로고!〉를 보면 지클라 씨 뒤에 초록색 벽은 없던데요! 그림이나 〈로고!〉 지구본만 있었어요!

사실 그림이나 지구본은 없어요. 〈로고!〉는 가상 스튜디오에서 제작해요. 다시 말하면, 제 주변은 전부 초록색이에요. 연출실에는 방송이 나가는 중에 색을 자동으로 바꾸는 컴퓨터가 있어요. 시청자가 보는 것은 초록색이 아니라, 우리가 미리 골라 놓은 그림이나 〈로고!〉 지구본 같은 것이죠.

그럼 지클라 씨가 방송에서 손으로 지구본을 가리킬 때 실제로 거기엔 아무것도 없다는 말인가요?

맞아요. 사실 지구본이 정확히 어디에 있는지 모르지만, 지구본이 거기 있다고 상상하면서 손으로 초록색 아무 데나 가리키는 거예요. 실수로 전혀 다른 방향을 가리키면 안 되니까, 다행히 그 방향을 모니터에 대략적으로나마 보여 줘요.

다른 프로그램들도 〈로고!〉 스튜디오에서 제작하나요?

네. 〈호이테〉 뉴스와 〈호이테 저널〉도 거기서 만들어요. 그런데 실제로는 안 그런데, TV에서는 스튜디오가 완전히 달라 보여요. 데스크만 알아볼 수 있죠. 프로그램마다 같은 모습이 나오니까.

스튜디오는 더운가요, 추운가요?

스튜디오 안에는 100개가 넘는 전등이 있어요. 다행히 실내가 크고 스포트라이트는 4미터 높이에 달려 있어요. 안 그러면 무척 더웠을 거예요. 환기창도 없어요. 스튜디오 실내 온도는 언제나 영상 20도정도예요. 가끔 시청자들이 왜 여름에 짧은 바지를 입고 진행하지 않느냐고 물어봐요. 그렇게 한다면 너무 추울 거예요!

원하는 옷을 입고 방송할 수 있나요?

네. 하지만 몇 가지 원칙은 지켜야 해요. 명품은 입으면 안 돼요. 광고하는 게 되니까요. 무늬가 요란한 옷도 안 돼요. 카메라가 제 모습을 잡기 힘들고 영상이 어른거리거든요. 초록색 옷도 당연히 입지 못해요. 그걸 입으면 컴퓨터가 영상에 나온 저를 다른 것으로 바꿔 버려요.

그래도 만일 초록색 옷을 입고, 초록색 스타킹을 신고, 초록색 구두를 신으면 어떻게 될까요?

그럼 둥둥 떠다니는 제 머리와 흔들어대는 두 손만 방송에 나오겠죠. 12월 31일 아침에 집에서 이런 생각을 했어요. '아, 오늘은 반짝이 옷을 입어야겠네. 그래야 축제 분위기가 나잖아!' 그런데 반짝이 조각들이 거울 효과를 낸다는 걸 미처 생각하지 못한 거예요. 스튜디오에서는 모든 게 초록색이라 제 옷의 반짝이들이 갑자기 초록색으로 바뀌었어요. 그 때문에 저도 투명 인간이 되는 거죠! 그래서 방송 5분 전에 텔레프롬프터를 작동시키는 여성과 옷을 바꿔 입었어요.

방송에서는 언제나 개인 의상을 입나요?

진행자들이 의상을 협찬 받는 뉴스 프로그램들이 많아요. 그러나 〈로고!〉는 그렇지 않아요. 저는 아침에 집에서 옷을 입을 때 그냥 저녁 때 방송에서 입고 싶은 옷을 입어요.

만약 구내식당에서 식사하다 옷에 뭐가 묻으면 어떻게 하죠?

그러면 곤란하죠. 그래서 식사할 때는 항상 냅킨을 아주 많이 턱받이처럼 두르고 먹어요.

토마토소스 스파게티가 나왔는데 냅킨을 아래로 떨어뜨리면요?

그런 비상 상황에 대비해 린다와 나는 옷장에 갈아입을 옷을 갖다 놓았어요. 그런데 팀은 뭐가 묻은 티셔츠를 입고 몇 번 진행한 적이 있어요.

아이들은 그런 것에 별로 신경 쓰지 않을 거예요.

맞아요. 하지만 어른들도 많이 시청하니까요. 〈로고!〉 시청자의 약 3명 중 1명이 18살 이상이에요! 그들 대다수가 아이들과 함께 시청하는 부모들이고요. 그러나 어른이 〈로고!〉를 보는 또 다른 이유는 그 뉴스가 훨씬 이해하기 쉽기 때문이에요.

지클라 씨는 할머니가 될 때까지 〈로고!〉를 진행할 수 있는 건가요?

공식적으로 〈로고!〉 진행자의 연령 제한은 없어요. 그래도 진행자의 학창 시절이 50년도 훨씬 전이어서 그때가 기억나지 않는다면 바람직하지 않겠죠. 팀과 린다와 저는 각각 8살 정도 차이 나지만, 어린이들은 우리 나이가 대략 비슷할 거라고 생각해요. 사실 셋 중 제가 35살로 가장 나이가 많아요! 설문조사를 하면 아이들은 제가 특히 많이 웃어서 좋다고 해요. 제가 젊어 보이는 것도 아마 그 때문일지 몰라요. 어쨌든 현재까지 방송 책임자는 제가 원할 때까지 〈로고!〉를 진행해도 된다고 말했어요.

언젠가 〈로고!〉를 그만두면 무엇을 가장 하고 싶으신가요?

지금도 헤센 방송에서 성인 뉴스 프로그램 아나운서로도 일하고 있어요. 나중에 〈로고!〉를 그만두면 그 일을 계속하고 싶어요.

혹시 비밀 첩보원이 되는 건 아닐까요!

지금과 전혀 다른 직업을 선택해야 한다면 아마 비밀 첩보원보다는 사진작가가 될 거예요. 그래도 뉴스는 정말 저의 절대적인 꿈의 직업이에요.

어이쿠, 방송 사고!

뉴스는 생방송으로 보도해요. 만일 스튜디오에서 뭔가 잘못되면 시청자들도 그걸 함께 본다는 뜻이죠! 이제 독일과 오스트리아 뉴스 프로그램에서 일어났던 방송 사고 중에서 가장 즐겁고 재미있었던 것 4개를 소개할게요.

4위: 납작코가 된 마이크

〈RTL 악투엘〉의 진행자 페터 클뢰펠이 의자에 쿵 소리를 내고 앉더니 뉴스를 진행하기 시작했어요. 그런데 왜 그런 둔탁한 소리가 났을까요? 마이크가 클뢰펠의 셔츠가 아니라 엉덩이와 의자 사이에 끼어 있었던 거예요. 클뢰펠은 바지의 엉덩이 부위로 손을 넣어 마이크를 끄집어냈어요. 마치 마술사가 모자에서 토끼를 꺼내는 것 같았어요.

3위: 떨어져 나간 치아

〈프로지벤〉의 뉴스 아나운서 크리스티아네 외르게스가 막 일식에 대해 설명하려는 순간, 입속에서 뭔가 이상한 느낌이 들었어요. 곧 이에 씌웠던 크라운이 떨어져 나갔어요. 그것도 한창 방송이 진행되면서 문장을 읽는 중에 말이죠!

2위: 테이블 밑으로 들어간 코미디언

오스트리아의 뉴스 프로그램 〈ZIB〉에서 잉그리트 투른헤어는 코미디언 오토 발케스를 인터뷰할 예정이었어요. 그런데 발케스는 질문에 진지하게 대답하기는커녕 진행자 투른헤어를 '투른 신발 씨'라고 부르며 방송 내내 미친 듯이 웃어댔어요. 그러더니 방송 도중에 그냥 테이블 밑으로 들어가 앉았어요.

1위: 부지런한 청소원

〈타게스샤우〉 아나운서 수잔네 다우브너는 아침 일찍 스튜디오에 앉아 카메라를 보며 "안녕하세요." 하고 시청자에게 인사를 건넸어요. 이때만 해도 다우브너는 엉뚱한 일이 벌어질 거라고는 상상도 하지 못했죠. 그런데 뒤에서 불쑥 청소원이 들어와 옆으로 지나가는 거예요! 청소원은 방송이 나가고 있다는 걸 눈치 채지 못했어요. 그러니 그 순간 수많은 사람들이 자신을 보고 있다는 것도 몰랐겠죠. 청소원은 아주 태연하게 휴지통을 비웠어요. 다우브너는 당황하지 않고 계속 뉴스 원고를 읽어 나갔어요. 그러나 자세히 보면 간신히 웃음을 참는 게 보여요.

가짜 뉴스 : 사람들은

가짜 뉴스란 무엇일까?

"들었나요? 여름방학이 2주 일찍 시작돼요!!" 여러분은 컴퓨터 모니터를 들여다보다가 믿을 수 없는 소식을 접해요. '이거야말로 금세기 최고의 뉴스야. 그러면 수학 시험도 없겠네!' 여러분은 재빨리 이 기사 제목이 달린 유튜브 비디오를 클릭해요. 사실이었어요. 영상에서는 방학이 전국적으로 예년보다 일찍 시작한다고 말하고 있어요. 많은 교사들이 병이 났기 때문이래요. 그래서 방학도 6주가 아니라 8주라고 하네요. 정확히 3초 후에 여러분은 유튜브 영상 링크를 모든 친구들에게 보냈어요. 친구들은 그 영상을 보고 기절하겠죠! 오늘 오후에 여러분은 친구들과 실외 수영장에서 만날 수 있어요. 아무도 시험공부를 할 필요가 없으니까요.

굉장히 신나게 들리지만, 안타깝게도 이 이야기에는 함정이 있어요. 그 뉴스는 멋대로 꾸며 낸 것이에요. 영상도 진짜처럼 보이지만 사실이 아니었어요. 여름방학은 여느 때처럼 6주 동안이고 일찍 시작하지도 않아요. 여러분은 '가짜 뉴스'에 넘어간 거예요. 그리고 그걸 널리 퍼뜨렸어요.

➡ '가짜 뉴스'란 무엇을 말할까?

영어로는 '페이크 뉴스(Fake News)'예요. 글자 그대로 '가짜인 뉴스'라는 뜻이에요.

왜 뉴스를 가짜로 꾸며 낼까?

가짜 뉴스는 몇 년 전부터 큰 골칫거리가 됐어요. 특히 트위터, 페이스북, 인스타그램, 유튜브 같은 소셜 미디어에 갈수록 자주 등장해요. 가짜 뉴스는 마우스만 한번 클릭하면 친구들과 금방 공유할 수 있어서 몇 초 사이에 급속도로 전 세계로 퍼져 나가요.

이렇게 상상하면 쉬워요. 여러분이 치약 튜브를 눌러 짠다고 생각해 보세요. 함께 누르는 사람이 많을수록 치약은 빨리 나오고, 치약이 날아가는 방향은 아무도 통제하지 못해요. 시간이 흐른 뒤 그 뉴스가 가짜라는 걸 누군가가 밝혀내도, 처음에 뉴스를 들었던 대부분의 사람들은 그 사실을 알지 못해요. 다시 말해 거짓말이 이미 세상에 떠돌고 있어서 다시 잡아들일 수가 없어요. 치약에 빗대 말해 보죠. 거울, 벽, 천장에 묻은 치약을 마지막 한 톨까지 긁어서 도로 튜브에 담기는 사실상 불가능해요.

가짜 뉴스

가짜 뉴스는 누가, 왜 만들까?

가짜 뉴스를 만드는 사람들은 대부분 영웅인 척하고 싶어 해요. 자신을 뽐내고 싶고, 남들이 가짜 뉴스에 속는 걸 재미있어 해요. 그런 사람들은 옛날에도 있었어요. 그러나 차이점이 있어요. 옛날에는 거짓말이 그렇게 빨리 퍼져 나가지 않았어요. 게다가 인터넷도 없었고, 누구나 무엇이든 검증하지 않고 글을 쓸 수 있는 트위터나 유튜브나 페이스북 같은 사회 관계망 서비스도 없었어요.

옛날에 의사 행세를 하는 우편집배원이 있었어요. 거의 모든 사람이 그 남자가 의사라고 믿었어요. 심지어 그는 병원에서 근무까지 했어요. 기자들 중에도 사기꾼이 있어요. 주간지 《슈피겔》의 한 편집 기자가 자신이 쓴 기사의 일부를 거짓으로 꾸며 낸 적이 있어요. 동료 기자들이 그의 속임수를 눈치채면서 사건은 큰 스캔들이 되었어요. 《슈피겔》은 당장 모든 것을 공개하고 사과한 뒤 그 기자를 즉시 해고했어요. 하지만 기자나 의사들이 의도적으로 사기를 치는 일은 아주 드물어요. 그들은 대부분 자신의 업무를 진지하게 생각할 뿐 아니라 신중하고 양심적으로 일을 해요.

가짜 뉴스를 만들어 내는 이유는 또 있어요. 그걸로 돈을 벌 수도 있기 때문이에요. 그 과정을 예를 들어 설명해 볼게요. 로타르라는 사람이 인터넷에 자신의 홈페이지를 만들어요. 그걸 만드는 데는 많은 돈이 들지 않아요. 로타르는 홈페이지 주소를 예컨대 www.로타르의기발한뉴스.de 로 정해요. 그리고 기상천외한 뉴스와 가능한 한 흥미를 끄는 제목을 생각해 낸 뒤, 페이스북이나 트위터나 그 밖의 사회 관계망 서비스를 통해 유포해요. 계획이 성공하면 많은 사람들이 그의 가짜 뉴스를 클릭하면서 계속 퍼뜨려요. 그리고 모든 걸 다시 한 번 자세히 읽으려고 로타르의 홈페이지를 방문해요. 하지만 그곳에는 꾸며 낸 기사만이 아니라 광고도 있어요. 로타르는 바로 그 광고를 실어 준 대가로 돈을 받아요. 독자들이 광고를 자주 클릭할수

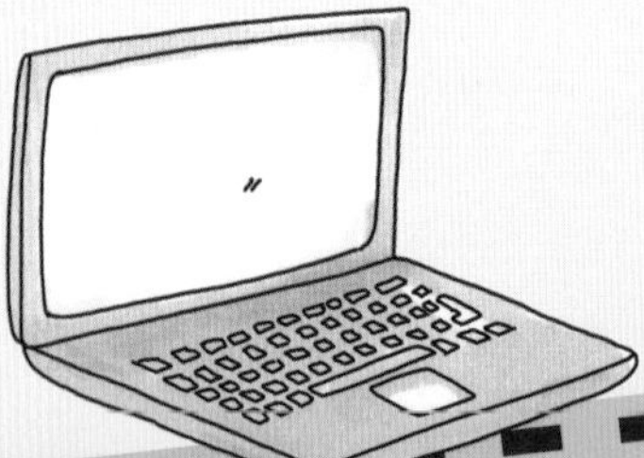

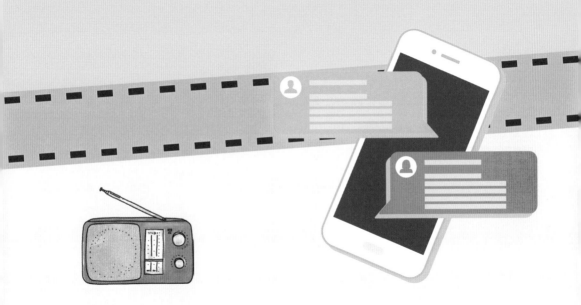

록 로타르는 돈을 많이 받아요. 그러니까 로타르는 꾸며 낸 이야기를 미끼로 사람들을 자신의 홈페이지로 유인하는 거죠. 사람들에게 광고를 보게 하고 자신은 부자가 되기 위해서지요. 뉴스를 감쪽같이 잘 꾸며 내는 사람은 그렇게 해서 기사 하나에 몇 천 유로도 벌 수 있어요.

가짜 뉴스를 꾸며 내는 세 번째 이유이자 가장 중요한 이유는 여론 조작이에요. 예를 들어 가짜 뉴스 작성자는 외국인에 대한 불안감을 퍼뜨리고 싶어 할 수도 있어요. 독일이 난민을 받아 주는 게 마음에 들지 않아서예요. 이것도 예를 들어 설명할게요. 페터는 자신의 이웃에 난민 가족이 이사 오는 게 싫어요. 그래서 자기 집 정원에 시리아 사람이 침입해 양을 죽였다고 페이스북에 적어요. 하지만 그가 쓴 내용은 전혀 사실이 아니에요. 페터는 사실 그 시리아 남자를 한번도 본 적이 없어요. 하지만 그는 자신이 사는 도시 사람들이 가능한 한 많이 그 거짓말을 믿고 다른 곳으로 퍼뜨리기를 원해요. 그렇게 해서 결국엔 많은 사람들이 난민에 반대해서 그 가족이 다른 곳으로 이사하기를 원해요.

선거를 앞두고도 가짜 뉴스를 이용해 여론을 조작하는 경우가 종종 있어요. 가짜 뉴스를 고안하는 사람들은 예를 들어 어느 정치인에 대해 거짓말을 만들어 세상에 퍼뜨려요. 그 정치인이 표를 적게 받도록 하려는 것이지요. 가짜 뉴스의 희생자가 여기에 저항하면, 앞에서 치약에 빗대 묘사한 문제가 발생해요. 이미 거짓말이 여기저기 퍼져 나가서 어딘가에 붙어 버리고 말아요.

가짜 뉴스

가짜 뉴스의 가면을 어떻게 벗길 수 있을까?

가짜 뉴스의 정체를 폭로하려면 인터넷 기사를 읽을 때 한 단계씩 꼼꼼하게 따져 보아야 해요. 복잡한 사건을 해결하는 탐정처럼 말이죠. 다음에 적혀 있는 목록에 따라 처음부터 하나씩 해결해 보세요:

1

제목을 읽은 뒤 기사를 자세히 꼼꼼하게 정독하세요. 비판적으로 읽되 여러분의 직관에도 귀를 기울이세요. 그 보도는 사실일 확률이 높은가요? 기사가 객관적으로 작성되었나요? 아니면 지나치게 자극적이고 선동적으로 들리나요? 기사가 분노를 일으키려는 걸까요? 혹시 여름방학이 길어진다는 보도처럼 강렬한 감정을 유발하려는 건 아닐까요? 이들 질문에 대답한 후에도 해당 기사가 가짜 뉴스라는 의심이 조금도 가시지 않으면 둘째 단계로 넘어가세요.

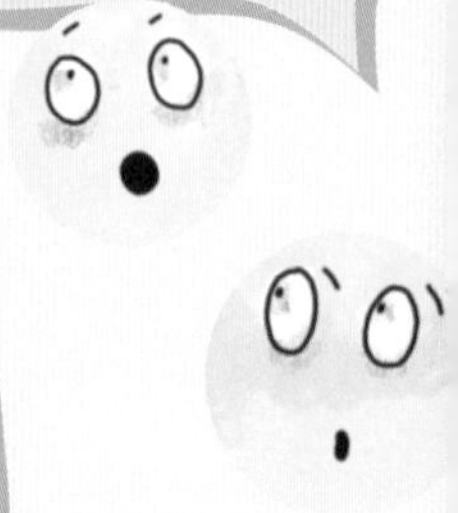

2

출처를 확인하세요. 기사가 실린 인터넷 사이트를 자세히 들여다보세요. 그 사이트가 유력 신문이나 믿을 만한 TV 방송의 온라인판인가요? 만일 그렇다면 해당 기사는 사실일 확률이 높아요. 반면에 그게 무슨 인터넷 사이트인지 확실하지 않다고요? 그러면 사이트 정보란을 찾아 클릭하세요(대개 웹페이지 맨 아래에 있어요). 정보란 맨 위에는 보통 매체의 정확한 이름이 적혀 있어요. 그 이름을 인터넷에서 검색하세요. 이름에 따옴표를 넣어 찾는 게 더 좋아요. 그런 다음, 검색 결과를 보세요. 결과물이 겨우 몇백 개밖에 되지 않는다면, 그건 해당 기사가 사실이 아닐 수 있다는 암시예요. 만일 사이트 정보가 아예 없다면 마음속에서 당장 요란한 경보음을 울리세요! 기본적으로 다음 사항을 명심하세요. 기사 작성자와 매체에 관한 정보는 많으면 많을수록 좋아요.

3

읽고 있는 기사가 가짜 뉴스인지 아직 확실히 모르겠다고요? 그러면 제목에 있는 가장 중요한 단어를 인터넷 검색 사이트에 입력하세요. 여름방학 연장 기사를 예로 들면 '여름방학'이 중요한 단어겠죠. 검색 결과물의 위쪽 줄에 여러 용어가 나올 거예요. 맨 왼쪽에 '전체'라고 적혀 있고, 거기서 오른쪽으로 조금 가면 '뉴스'라고 적혀 있어요. '뉴스'를 클릭하세요. 그러면 여름방학을 주제로 작성된 기사들이 전부 나와요. 어느 매체가 어떤 식으로 이 주제를 보도하는지 살펴보세요. 여름방학이 정말로 연장되었다면, 여러 믿을 만한 사이트에서는 분명히 그 소식을 다룰 거예요. 그런데 아무것도 찾지 못했거나 아주 적은 수의 기사만 발견했다면 조심하고 또 조심해야 돼요! 가짜 뉴스 생산자들은 가끔 절반만 진실인 뉴스를 보도할 때가 있어요. 다시 말해 뉴스의 핵심은 진실이지만, 제목이 오해의 여지가 있거나 완전히 틀린 경우가 있어요. 그러나 다른 매체들이 해당 주제를 어떻게 다루는지 살펴보면, 여러분은 그런 반쪽 진실의 뉴스도 알아낼 수 있어요.

4

이번 단계에서는 부모님의 도움이 필요할지도 몰라요. 조금 복잡하거든요. 기사에 사진이 나와 있다면, 사진에 마우스를 갖다 대고 오른쪽 버튼을 클릭하세요. 그리고 '이미지를 다른 이름으로 저장'을 선택한 뒤 여러분의 컴퓨터에 저장하세요. 이제 다시 검색사이트(구글) 첫 화면으로 돌아가세요. 맨 위 오른쪽 구석에 '이미지'라고 적혀 있어요. 그걸 클릭하세요. 검색란에 갑자기 작은 카메라 아이콘이 생겼을 거예요. 그것도 클릭하세요. 이제 여러분은 둘 중 하나를 골라야 해요. 오른쪽에 있는 '이미지 업로드'를 선택하면, 여러분 컴퓨터에 있는 사진만 올릴 수 있어요. 사진을 올린 후 검색 결과를 보면 어느 사이트에서 여러분의 사진이 사용되었는지 알 수 있어요. 가짜 뉴스에 들어간 사진은 아주 오래된 것이거나 전혀 다른 것을 보여 줄 때가 많아요. 가짜 뉴스 생산자들이 그 사진을 훔친 것이지요. 이처럼 이미지 검색은 상당히 훌륭한 기능이에요. 물론 어떤 사진에서든지 작동하는 건 아니지만요.

5

뉴스가 진짜인지 가짜인지 아직도 확실히 모르겠다면 어른의 도움을 받으세요. 부모님이나 선생님에게 조언을 구하는 게 좋겠죠.